Lutz Geisler · Nordroute · Erinnerungen eines Culfunbikers

Von Tingri zum Basecamp – im Hintergrund der Mt. Everest – im Tal die Ansammlung von BAT-Zelten

Lutz Geisler

Nordroute

Erinnerungen eines Culfunbikers

Bibliografische Information der Deutschen Nationalbibliothek:
Die Deutsche Nationalbibliothek verzeichnet diese Publikation
in der Deutschen Nationalbibliografie; detaillierte bibliografische
Daten sind im Internet unter http://dnb.dnb.de abrufbar.

© 2017 Lutz Geisler

Herstellung und Verlag:

BoD – Books on Demand, Norderstedt

ISBN: 978-3-74318-002-4

Ich widme dieses Buch meiner Familie mit Evi, Florian und Philipp; meinen Reisebegleitern Claude, Katrin, Martin, Theo, Ralph sowie meinen tibetischen und nepalesischen Reisebegleitern Sujan, Tenzing, Gyatso, Tshering, Galtso, Lobsang und Ranzing.

Inhaltsverzeichnis

Was die extreme Höhe so mit einem anstellt	9
Bike Adventure Tours	10
Hauptfächer sind wichtig	12
Bodensee-Radmarathon 1981	15
„Hauptsach' g'fahra" und „'s isch älles eba"	17
Zürich, zum Zweiten	18
11.9.2014	20
Kathmandu, 1. Tag	21
Sechs Transporter für sieben Mountainbiker	31
Jakob	33
Kathmandu, 2. Tag	35
Mein erstes Bike	41
Abflug aus Kathmandu, 3. Tag	42
Lhasa und der Bankomat	43
Lhasa, 2. Tag. Drepung Monastery und Jokhang Tempel	48
Lhasa, 3. Tag. Bike-Tour durch Lhasa und Sera-Kloster	55
Lhasa, 4. Tag. Bank of China und Potala-Palast	60
Bahnhöfe	62
Vom Tibet Gang-gyan Lhasa Hotel zum Lāsà zhàn	63
Von Lhasa nach Yangpachen, 8. Tag und erster Bike-Tag	65
Königsetappe von Yangpachen nach Majang, 9. Tag und zweiter Bike-Tag	71
Dongu La	76
Nach Shigatse!	84
Shigatse – zweitgrößte Stadt Tibets zwischen Tradition und Moderne	90
Auf dem Friendship Highway bis Kilometer 5.000	99
Wie man in großer Höhe schlafen kann	99
Nach Chushar!	102
Über den Lhakpa La nach Shegar (New Tingri)	108
Unspektakulär nach Old Tingri	112

Nach dem „Längsten" kommt das „Höchste"	115
Was heißt „lang"?	124
Das „Höchste" ist gar nicht das höchste	125
Nach dem „Höchsten" kommt das „Größte"	125
Mount Everest	126
Von Rongbuk zurück nach Tingri	133
Tong La oder Lalung La?	138
Ein Pass noch, dann beginnt der längste Downhill der Welt	144
Über Superlative: Was gibt es noch außer dem Längsten, dem Höchsten, dem Größten?	152
Über die Freundschaftsbrücke zum „letzten Ausweg"	153
Bungee Jumping im Last Resort	157
Dashain und der Erdrutsch am Sunkoshi	161
Von Dhulikhel nach Bhaktapur	167
Die letzten Kilometer: Auf nach Kathmandu!	176
Räder verpacken, Bhimsen Tower und Durbar Square	178
Noch einmal Durbar Square und Dharahara Tower	184
Flight to Zürich	189
Friedrichshafen	190
Glossar	192
Quellen	207
Fotos	207

Es ist stockdunkel – das Sternenlicht vermag die mit einer dünnen Eisschicht bedeckte Zeltplane meiner „The-North-Face"-Behausung nicht zu durchdringen. Und es ist kalt. Genaugenommen saukalt – und das Mitte September. Aber ich befinde mich ja auch auf knapp 5.100 m Höhe mitten in der Pampa und mitten in Tibet – ich habe endlich meinen Traum wahr gemacht und nehme teil an einer Mountainbike-Tour quer durchs Himalaya-Gebirge. Ich kuschele mich noch tiefer ins Innere meines Faserpelz-Innenschlafsacks, der sich wiederum im Inneren eines Hüttenschlafsacks befindet. Mir wird wieder etwas wärmer, und ich beginne zum x-ten Mal in dieser Nacht, „Schäfchen zu zählen", an gar nichts zu denken, einzuschlafen.

Was die extreme Höhe
so mit einem anstellt ...

Tagsüber ist es noch ganz erträglich. Mir war auch schon vorher klar: Halber Sauerstoffdruck bedeutet halbe Steigleistung, halbe Geschwindigkeit, halbe Ausdauer, doppelte Zeit und ein Verzicht auf jeglichen Sprint, auf jede Aufholbeschleunigung usw. Fast besser als meine durchweg wesentlich jüngeren Reisebegleiter bewältige ich die im Vergleich zu den Alpen durchweg moderaten Anstiege, genieße die karge und trotzdem zauberhafte Landschaft, verständige mich in Zeichensprache mit überraschend zutraulichen Kindern und Yak-Hirten, die uns gelegentlich am Straßenrand erwarten. Nur die Nächte ...

Man diskutiert im Essenszelt bis gegen 22 Uhr mit seinen Reisebegleitern über den vergangenen Tag, über seine eigenen Bike-Erlebnisse, über „Gott und die Welt" und sucht danach sein Zelt auf. Macht Katzenwäsche, tauscht die kaum verschwitzten Bike-Klamotten gegen warme und bequeme Nachtwäsche, mummelt sich in die beiden Schlafsäcke. Und versucht zu schlafen. Die Einschlaf-Phase beginnt angesichts der Anstrengungen des Tages relativ schnell: Du döst ein, verlierst das Gefühl für Raum und Zeit, verlangsamst deine Atmung

Hochebene zwischen Tingri und Basecamp

und „sackst weg" – aber nur für wenige Sekunden, denn dann bemerkt dein Körper den „doppelt verminderten" Sauerstoffdruck – verursacht durch die geringere Atemfrequenz – und du wachst panikartig auf, weil du denkst, du würdest sogleich ersticken. Schnappatmung setzt ein, du bist hellwach. Die ersten, raschen Atemzüge können den benötigten Sauerstoff zunächst kaum transportieren, die Panik bleibt für ein paar Sekunden, aber dann wird es besser und besser, die Atemzüge tiefer und tiefer, und nach wenigen Minuten verliert sich die Panik, und du versuchst erneut einzuschlafen. Dasselbe wiederholt sich nun seit Tagen hunderte von Malen in jeder Nacht, und eigenartigerweise bin ich tagsüber einigermaßen fit. Offensichtlich wirkt sich Schlafentzug weit weniger dramatisch aus als Sauerstoffentzug. Doch das kann andererseits so nicht weitergehen – schließlich ist das hier auch ein Stück Urlaub und kein Survival-Training.

BIKE ADVENTURE TOURS

Es gibt etwa ein halbes Dutzend Reiseveranstalter, die meinen „Traum" „all inclusive" im Programm haben. Der preiswerteste kommt aus Nepal, überlässt dir die Planung der Flugreise von deinem Heimatort nach Kathmandu und ist alles in allem etwa halb so teuer wie „BAT". Dann gibt es die „klassischen" deutschsprachigen Anbieter, die jedoch alle bis auf einen dieselbe Route anbieten: Sie fahren fast durchwegs auf dem „Southern Friendship Highway" von Lhasa am Yamdrock-See vorbei durch Gyantse und Shigatse – eine Route, die Tibet-Kenner noch vor Jahren ähnlich wie vor der berüchtigten Yungas-Straße (camino de la muerte) von La Paz nach Coroico in Bolivien vor Respekt schaudern ließ.

Im Buch „Vom Everest zur Atacama" schreibt noch im Jahre 2007 Holger Feist, der die Strecke in der Gegenrichtung befahren hat, über die Straße zwischen Zhangmu und Nyalam: „Die Bezeichnung Highway ist etwas irreführend, denn die Straße ist weder asphaltiert noch in einem Zustand, der überhaupt die Bezeichnung Straße rechtfertigt. Es ist ein ausgewaschener Karrenweg, der sich im Tal der hiesigen Fünftausender am Abgrund steiler Bergflanken entlangschlängelt und sich endlos das wunderschöne Tal hinaufwindet ... Wir fragen uns nur, wie unser Truck ... den nassen und ausgewaschenen Weg, der zum Teil von kleineren Steinlawinen überschüttet ist, hinaufkommen soll ..."

Über den „Friendship Highway" in Zentral-Tibet schreibt er: „Der Weg ist übersät mit Steinbrocken und Schlaglöchern. Durch das trockene Klima ist das Sträßchen sehr staubig, und wenn einmal ein Truck vorbeifährt, stehen wir minutenlang orientierungslos im Staub ..."

Seit 2011 ist die Südroute bis zum Grenzort Zhangmu jedoch durchgehend asphaltiert, stellenweise sogar in westlicher Schnellstraßenqualität, sodass von „Bike-Abenteuer" kaum mehr gesprochen werden kann. Einzig „BAT" bietet die Trans-Himalaya-Tour auf der Nordroute an, und die ist zumindest von Yangpachen bis zum Brahmaputra ähnlich abenteuerlich wie der Rest der Route früher war.

Also BAT? Der teuerste Anbieter hat noch weitere Schmankerl im Angebot: Die längste Akklimatisierungsphase von 4 Tagen in Lhasa auf 3.650 m Höhe, viele im Preis inbegriffene Besichtigungen und – das stellt sich aber erst vor Ort heraus – wegen der wenigen (5) Teilnehmer ein einzigartiges Zahlenverhältnis Biker-Begleiter von 1:1,2 und ein eigenes „The-North-Face"-Zelt pro Nase. Der durch seine

Weltreisen per Rad bekannt gewordene Genfer Claude Marthaler sollte uns begleiten.

Warum ich diese Reise, wo sie doch ein Traum ist, nicht schon früher wahrgemacht habe? Einfache Antwort: Ich war Realschullehrer für Mathematik und Biologie und hätte zwar jeden Sommer von Ende Juli bis Anfang September genügend Zeit gehabt, eine solche Reise anzugehen, nur: In dieser Zeit ist im Himalaya Monsun, die Naturstraßen versinken im Morast, und kein Reiseanbieter würde sich auf ein derartig unsicheres Wetter-Abenteuer einlassen. Und kaum ein Tourist. Also blieb nur die Zeit nach der Pensionierung. Dann aber gleich.

So fuhr ich bereits im Januar mit meinem Freund Jakob zum alljährlichen Infotag von Bike Adventure Tours nach Zürich, wo im Volkshaus Powerpoint-Vorträge zu diversen Reisezielen stattfanden – außerdem sollten bereits feststehende Reiseleiter vorgestellt werden. Bereits da war ich vom designierten Führer der diesjährigen Tibet-Nepal-Tour, Claude Marthaler fasziniert. Claude hat bereits mehrere Reisebücher geschrieben (1) und nennt sich selber Cyclonaut, was ich im Internet folgendermaßen recherchiert habe: Ein Cyclonaut (2) ist ein Radfahrer, der den heutigen Straßenverkehr als lebensgefährlichen, aber hochinteressanten Raum betrachtet, den er erkunden und möglichst vollständig erforschen will. Er kann dabei verschiedene Rollen wie Aktivist, Wegbereiter, Vorbereiter, Whistleblower und Blogger einnehmen.

In Zürich konnte Claude zwar wenig von der Tour berichten – das taten dann andere – er überzeugte jedoch durch seine ehrliche und humanistische Weltanschauung.

HAUPTFÄCHER SIND WICHTIG

Geht man der Frage nach warum auch ich mich wie Claude von Jahr mehr als ein Süchtiger, dem Fahrrad Erlegener betrachte, der mittlerweile in seinem Wohnort als eine Art „Supersportler" angesehen wird, (und das völlig zu Unrecht, denn ich bin im Kreise meiner noch Radrennen absolvierenden Kollegen ein wahrhaft „kleines Licht!") muss man unweigerlich in meiner Kindheit suchen.

Es war wohl im Jahre 1961 oder 1962, und ich besuchte die erste Klasse (Sexta) des Schubart-Gymnasiums in Ulm. Verwöhnt von guten bis sehr guten Noten aus der Hans-Multscher-Grundschule, wollten meine Eltern – speziell mein Vater – nicht einsehen, dass einem ähnlich gute Noten im Gymnasium nicht zufallen, sondern dass man sie durch vermehrten Fleiß erarbeiten muss. Er sagte den folgenschweren Satz: „Hauptfächer sind wichtig und werden dein Leben bestimmen. Deshalb erwarte ich dort gute Noten. Die meisten Nebenfächer sind fast so wichtig. Unwichtig sind dagegen Sport und ... (das traue ich mich nicht zu schreiben ...). Die Noten, die du dort nach Hause bringst, sind mir egal." Und weiter der berühmte Satz: „So lange du noch deine Füße unter meinen Tisch stellst, werde ich bestimmen, was für dich wichtig zu sein hat ..." Sprach's und hatte mal wieder ein Beispiel seiner „antiautoritären" Erziehung gegeben. (Allerdings wurde dieser Begriff erst in den Siebzigern modern.)

Für mich waren diese Sätze ein Freibrief. Ein Freibrief erst zum Herumkaspern im Sportunterricht und später, als Heranwachsender, zum Schwänzen des Sportunterrichts. Ich, der schon im Grundschulalter keinen Bezug zu Bällen und Ballspielen hatte, erweiterte meine Bezugslosigkeit um Leichtathletik und Geräteturnen, um Bodenturnen und alles, was nicht im Wasser stattfand und die Bezeichnung „Sport" trug. Im Wasser hatte ich merkwürdigerweise mehr Spaß, und so waren über 13 Schuljahre die befriedigenden Schwimmnoten das Beste, was ich in Sport zu bieten hatte. Als ich in den letzten Jahren meines Lehrerdaseins immer wieder von Schülern gefragt wurde: „Und hatten Sie niemals eine Fünf?", musste ich antworten: „Doch, in Sport." Und dann folgte stets das gleiche Rätsel: „Ich hatte in 13 Schuljahren einmal eine Fünf und einmal eine Drei. Was hatte ich wohl in den restlichen 24 Zeugnissen?"

Richtig geraten! Wobei meine Schwimmnoten die durch die verheerenden sonstigen Sportnoten entstandene Gesamtnote nur minimal aufgebessert hatten – meinem Vater war's egal. Bei den Kladden zu den Bundesjugendspielen waren meist die Leistungen, die ich erbracht hatte, nicht aufgeführt – also meistens null Punkte. Ich selber merkte erst nach einigen Jahren, in welch aussichtslose Position ich mich dabei manövriert hatte: Für Mitschüler oft ein Außenseiter zu sein, den man beim Fußballspielen notgedrungen ins Tor stellte und darauf hoffte, dass kein Angriff aufs Tor erfolgte. Einer, der auch für Sportlehrer eine unrühmliche Rolle in der Mannschaft spielte. Wobei mancher Sportlehrer – heute im Nachhinein betrachtet – ebenfalls eine unrühmliche Rolle spielte, dem Pädagogik fremd zu sein schien.

So z. B. „Hi". Im Schülermund wurde Herr Hierlewang (Name geändert) „Hi" genannt, wobei „Matt Dillon" die genauso treffende Bezeichnung gewesen wäre. Er stand nämlich in „Zivil" (Hi trug niemals Sportkleidung!) neben dem Schwimmbecken oder neben dem Spielfeld, hatte seine beiden Daumen zwischen Gürtel und Hosenbund geklemmt, machte niemals etwas vor und lästerte lieber über schwache Schüler: „Na, Geisler, du Flasche? Nichts drauf heute? ..." usw. Pädagogik 1963. Matt Dillon, der Titelheld der damals im Schwarz-Weiß-Fernsehen laufenden Serie „Rauchende Colts", stand ähnlich da: Daumen zwischen Revolverhalfter und Jeans geklemmt, spöttischer Blick. Heute noch, wenn ich eine TV-Wiederholung von „Rauchende Colts" sehe, fühle ich mich auf unschöne Weise an Hi erinnert.

Nur zwei Mal konnte ich Hi verblüffen: Das erste Mal beim Tauchen im Lehrschwimmbecken der Schule, 50 m lang und 16 2/3 m breit. Als ich nach Abstoß am Beckenrand die dritte Breite in Angriff nahm und die 50 m voll machen wollte, bekam Hi einen ersten Eindruck davon, welch gute Lunge in einem solch schwachen Körper zu stecken schien. Angeblich – so berichteten mir hinterher Mitschüler – wollte er mich herausholen lassen, weil er einen Tiefenrausch befürchtete. Ein paar Wochen später trug er uns auf, in unserer Freizeit für den 5.000-m-Lauf zu trainieren, was ich natürlich nicht tat. Als dann Noten gemacht wurden, lief ich auf Anhieb ein bisschen länger als 17 Minuten, was Hi erstmals ein Zeichen des Respekts abrang.

In diesem Schuljahr hatte ich die „Drei" im Sport. Schon in jungen Jahren faszinierte mich das Fahrrad als ideales Fortbewegungsmittel.

Es machte mich frei, und da mein Vater als überzeugter Eisenbahner und Nutznießer unzähliger „Personalfahrkarten" die Anschaffung eines Autos ablehnte – er hätte sich das Auto auch nur schlecht leisten können – sehnte ich den Tag herbei, an dem ich mit meinem ersten selbstverdienten Geld mein erstes eigenes Fahrrad kaufen konnte.

Wir hatten damals in Riedlingen an der Donau gewohnt. Bei meinem ersten Sommerferienjob im VW-Autohaus der Kleinstadt war ich 14 oder 15 Jahre alt, und der Job war lausig: Lackieren der unterirdischen Treibstofftanks ohne vorherigen Rostschutz, das hieß wieder von vorne anfangen, wenn man hinten fertig war. Außerdem säuberte ich verkalkte Werkstattfenster und schleppte gemeinsam mit VW-Azubis einmal einen VW-Boxermotor von der rechten auf die linke Seite der Werkstatt, was diese köstlich amüsierte (ich war damals ziemlich klein und unbeholfen). Der Arbeitslohn von 1,98 DM pro Stunde erscheint mir heute lächerlich, versetzte mich aber damals nach Empfang der sprichwörtlichen Lohntüte in den Status eines steinreichen Industriekapitäns. Mein erstes eigenes Rad, ein dunkelviolettes Herkules-Stahlrad mit Columbusrohren und roter Sachs-Dreigangschaltung, kostete 298,– DM, bei ca. 320,– DM Monatslohn blieb sogar noch etwas übrig für die „Must-have"-Radlaufglocke und einen Sportanzug. Das Rad hielt übrigens noch lange über mein erstes wirkliches Radsportereignis, die Bodenseerundfahrt 1981 über 200 km, hinaus, wurde also über 25 Jahre von mir gehegt und gepflegt. Mitte der neunziger Jahre wurde es vom Fahrrad-Abstellplatz meiner Schule gestohlen.

BODENSEE-RADMARATHON 1981

Schon mit dem Herkules-Vorgänger hatte ich im zarten Alter von 11 oder 12 Jahren meist gemeinsam mit meinem Bruder Volker ausgedehnte Radtouren von Ulm nach Illertissen, Blaubeuren, Niederstotzingen und Lonsee unternommen.

Als ich dann das Herkules-Rad besaß, unternahm ich Touren von Riedlingen ins nahegelegene Donauried, an den Illmensee, nach Mengen, auf den Österberg und an Zwiefalten und der Wimsener Höhle vorbei nach Hayingen.

Während der Bundeswehrzeit und in den Jahren als junger Familienvater verstaubte und verharzte das gute Herkulesrad im Keller, wurde aber nach dem Umzug der noch jungen Familie nach Friedrichshafen wieder interessant.

Bodensee-Rundfahrt (3) über 200 km? Davon hatte ich so oft gehört – zuerst vor vielen Jahren von meinem Vater, der ganz stolz darauf war, die 200 km außerhalb der Veranstaltung in einem Kurzurlaub in drei Tagen bewältigt zu haben. Ich wollte mehr und gemeinsam mit den nach damaliger Vorstellung lächerlich bunt gekleideten Radsportlern mit Sturzring (Sturzhelme gab es noch nicht) die Strecke an einem Tag bewältigen. Also meldete ich mich beim OK an. Am Starttag Anfang September regnete es fürchterlich, was die Stimmung schon drückte, dann machte sich auch noch der Mann an der Startnummernausgabe über mein geliebtes, seiner Meinung nach viel zu kleines 26er-Rad (mittlerweile war ich 1,87 m groß) lustig. Ein wenig aus Trotz, aber auch, um dem Dauerregen möglichst schnell zu entkommen, überholte ich viele Radsportler mit High-End-Ausrüstung und war am Ende nach etwas mehr als 9 Stunden (das entspricht einem 22er-Schnitt) am Ziel. Das ungläubige Staunen des Mannes an der Startnummernausgabe war der Impuls für eine fast lebenswichtige Entscheidung: Zwei Wochen später besaß ich mein erstes Kotter-Renn-Sport-Rad (4).

Aber nur ein Jahr lang. Ich war nämlich der Meinung, an diesem „Rennrad" – es hatte noch Gepäckträger, Licht und Schutzblech, aber bereits Pedalhaken – meine Kräfte voll ausleben zu können, und fuhr erst flache und kleine Berge wie den Heiligenberg und den Höchsten, kurz darauf aber immer längere Berge wie den Pfänder und steilere Berge wie den Gehrenberg (39). Wie glücklich war ich, als ich das erste Mal ohne Absteigen die steile Rampe bei Allerheiligen bezwang!

Doch das „Rennrad" dankte es mir nicht. Ständig brachen Speichen, alle paar Wochen war ich bei meinem Radhändler „Manne" zum Speichenersetzen oder zum Nachzentrieren. Der meinte irgendwann, als er das Nachzentrieren leid war, nur lapidar: „Das Rad ist für Normalos und nicht für Kraftbolzer gebaut ..." Oder: „Den Gehrenberg fährt man auch nicht mit dem Rad – das ist was für Autos ...!" Als nach knapp einem Jahr auch noch die Speichen aus den nicht geösten Felgen rissen, hatte ich genug: Eine Rennmaschine musste her.

So erstand ich 1986 meine erste Kotter-Rennmaschine: Rahmen anthrazit metallic, komplette Dura Ace-Ausstattung, 2745,– DM. Ich war „stolz wie Oskar".

„HAUPTSACH' G'FAHRA" UND „'S ISCH ÄLLES EBA"

Die meisten Mountainbiker und Rennradfahrer sind meiner Erfahrung nach wahre Kulturmuffel. Hat man eine auch kulturell interessante Tages- oder Halbtagesfahrt ausgearbeitet, so ist die Reaktion schwäbischer Radsportkollegen darauf eher ein abweichendes „Muss net sein" und ein überzeugtes „Hauptsach' g'fahra!" als eine uneingeschränkte Zustimmung. So war es zum Beispiel, als ich Ende der neunziger Jahre eine Elsass-Rundfahrt ausgearbeitet und ins Jahresprogramm übernommen hatte. Die Strecke, die Unterkünfte, das Wetter, die Kameradschaft, ... alles war toll. Aber wir hatten kein einziges Schloss, kein historisches Haus, keine Stadtmauer und kein typisch elsässisches Restaurant aus der Nähe gesehen. Geschweige denn besichtigt. Vogesen und Lothringen 2006, Pyrenäen 2008 – dasselbe. Wobei meinen Vereinsangehörigen Berge sowieso am liebsten sind, denn „'s isch älles eba" (es ist alles eben, denn da Start- und Zielort meistens identisch sind, sind auch deren Meereshöhen identisch, und daher kommt als Differenz der beiden Höhen null heraus – die Zwischenhöhen lässt man großzügig weg).

Ein halbtägiger von mir ausgearbeiteter Paris-Rundgang anlässlich unserer Fernfahrt zur „Arrivée du Tour": Ebenfalls dasselbe. Die meisten wären lieber in den Vororten herumgeradelt anstatt sich die Notre Dame, die Sacré Cœur oder die Tuilerien anzusehen. Und so verlief der Nachmittag – um niemanden zu kränken – weder mit Rundgang zur Sacré Cœur noch mit Herumradeln. Man ging in die nächstbeste Brasserie.

Für mich persönlich erfüllt das Rad neben seinem sportlichen Zweck eine Vielzahl anderer Zwecke: Einigermaßen trainiert, ist man schneller von Innenstadt-Einkäufen wieder zurück als mit dem Auto. Man kann man die meisten Dienstgänge, Dienst- und Familienfahrten ökologisch mit dem Rad absolvieren und gleichzeitig noch eine Trainingseinheit integrieren. (So hatte ich auf diversen Fahrten zu Lehrgängen und Realschulabschlussprüfungen einfach „Zivilklamotten", Unterrichts-und Prüfungsmaterial im Rucksack). Man kann auf ökologische Art und Weise Land, Leute und Kultur kennenlernen. Ähnlich wie es als Kombination von Klettern und Biken neuerdings eine „Bike-&-Hike"-Welle gibt, so betrachte ich mich daher „denglisch" als „Culfunbiker" (von mir zusammengesetzt aus culture, fun und biking).

ZÜRICH, ZUM ZWEITEN

Das erste Treffen der Reisegruppe fand dann im Sommer, abermals in Zürich, an einem warmen Sommerabend im Biergarten des Restaurants „Subito" nicht weit weg vom Hauptbahnhof statt. Neben Claude waren zwei weitere Schweizer anwesend: Ralph, ein IT-Spezialist und später mein leistungsstärkster Begleiter, sowie Theo, der langjährige Ex-Chef von „Veloplus", einer bekannten Schweizer Outdoor-Kette. Dann Martin, ein österreichischer (Klagenfurter) Ex-Mathelehrer (und damit Kollege) mit IT-Engagement in Zürich und meine Wenigkeit. Meine Ehefrau Evi war ebenfalls interessiert und somit bei diesem Treffen dabei. Katrin, eine ulm-münchnerische

Reiseverkehrs-Kauffrau mit Weltreise-Ambitionen fehlte leider. Machte ganze 5 Personen inklusive Guide. Ich fragte die ebenfalls anwesende BAT-Mitarbeiterin Marlise, ob dann die Reise überhaupt stattfindet.

„Molmoll, ja sich'r ..!"

Was sie noch nicht wusste oder nur nicht sagte: Wenig später bekamen wir alle ein Schreiben von BAT mit der Bitte um Überweisung eines „Kleingruppenzuschlages" von 250 Franken.

Wir unterhielten uns über uns alle drängende Fragen: Wie würden wir mit der Höhenkrankheit umgehen? Besteht die Gefahr für ein Lungen- oder Hirnödem? Was ist mit pochenden Kopfschmerzen, Atemnot, Schwindel, Erbrechen, Herzrasen, Schlaflosigkeit? Gibtes wirklich tödliche Gefahren? (Laut Literatur beginnen die ab 6.000 m – wir sind mit unseren 5.300 m ja nicht weit davon entfernt.) Sind Medikamente wie Diamox vernünftig, oder ist wegen der Nebenwirkungen eher davon abzuraten? Claude und Marlise rieten uns ab und hielten es sogar für Geldverschwendung, prophylaktisch Diamox mitzunehmen: So scheint es bei leichter Höhenkrankheit kaum wirksam zu sein, und bei schwerer Höhenkrankheit müssen schon schwerere Geschütze wie Dexamethason aufgefahren werden. Und Letzteres wollte Claude als Reiseapotheke „für alle" in jedem Fall mitnehmen. Jedenfalls war ich als ziemlich aktiver Rennfahrer mit jährlich über 10.000 Radkilometern froh, offensichtlich in einer Gruppe von engagierten Hobbyradlern gelandet zu sein – allerdings würden so oder so die zu fahrenden Höhenmeter oder die Länge einer Tagesetappe weniger ein Problem darstellen als die Höhenakklimatisation.

Claude und Marlise schärften uns außerdem noch ein, ja keine Bilder des Dalai Lama und keine kritischen Abhandlungen über die Rolle Chinas in Tibet mit auf die Reise zu nehmen: „Da sind die Chinesen gnadenlos ..., und ihr könntet im Knast landen ...!" Die Frage, welchen Reiseführer sie denn dann empfehlen könnten, wo doch (fast) alle Reiseführer eben diese Bilder und Abhandlungen enthalten, blieb unbeantwortet.

11.9.2014

Evi begleitet mich auf der Fähre Friedrichshafen-Romanshorn, im IC Romanshorn-Flughafen Zürich. Beim vereinbarten Treffpunkt in der Nähe des späteren Check-In treffen wir auf einen BAT-Mitarbeiter. Ich hole mein Simplon Carbon-Bike aus dem TranZBag-Radsack (5), ohne den ich es schwer gehabt hätte, das Rad per IC zu transportieren, gebe den Radsack auf einer Gepäckaufbewahrung in derselben Etage ab und helfe dem BAT-Mann, mein Bike in einen stabilen BAT-Karton zu verpacken. Später kommen Martin, Ralph, Theo und Claude, die alle ihre Bikes in diese Kartons verpacken, die Kartons doppelt und dreifach zukleben und dann nebeneinander aufstellen. Die Kartons werden uns später durch ganz Tibet und Nepal begleiten und werden dann ziemlich lädiert nach unserer Ankunft in Zürich entsorgt werden. Claude ist mit seiner Freundin angereist (sie würde ihn später wegen seines „Freiheitsdrangs" verlassen), Ralph und Theo mit Frau. Katrin würde erst in Istanbul nach der Zwischenlandung auf uns treffen.

Der Flug von Zürich nach Istanbul ist gekennzeichnet von fortwährendem Gequassel – der Beweis, dass man aneinander interessiert ist und sich kennenlernen will. In den weitläufigen Gängen und Hallen des Flughafens „IST" gibt es dann WLAN, und da niemand von uns weiß, ob die Internetversorgung in Nepal einigermaßen lückenlos funktioniert, sind die meisten von uns noch einmal mit dem Verschicken und Checken der letzten Mails beschäftigt.

Ab Istanbul ist Katrin mit im „Boot", aber nicht auf den billigen Plätzen. Sie hat als Vielfliegerin Anspruch auf einen höherwertigen Sitzplatz. Mein eigener Sitzplatz ist dagegen eher minderwertig: Da er weder in der Höhe noch im Seitenabstand oder in der Neigung verstellbar ist, der des Vordermanns aber sehr wohl, bietet er während des Nachtflugs nach Kathmandu kaum Erholung. Dazu kommt, dass der Vordermann – ein Chinese – sich zum Schlafen bequem zurücklehnt und meine Knie dadurch einquetscht. Meine Bitte, er möge doch seinen Sitz wieder etwas steiler stellen, ignoriert er schlichtweg. Verständnisprobleme oder chinesisches „way of life"? Da das Flugzeug voll besetzt ist und ein Alternativplatz daher nicht zur Verfügung steht, bin ich froh, nach acht Stunden und durchwachter Nacht gegen 6 Uhr morgens – 15 Minuten früher als im Flugplan – wohlbehalten auf dem Flughafen von Kathmandu anzukommen. Wobei „wohlbehalten" sich nicht auf steifen Nacken und steife Knie bezieht.

KATHMANDU, 1. TAG

Kathmandu! Für Leute wie mich, die sich noch gut an die Bahnhöfe und Autobahnraststätten der DDR erinnern, ist dieser Flughafen in

seiner Ausstattung mit denselben vergleichbar, in der Größe vielleicht mit Friedrichshafen. Und das bei knapp 1 Million Einwohner! Traktoren statt Rollbahn-Zugmaschinen, Wellblechtunnels statt Beton, Stahl und Glas, stinkende Pissoirs statt großzügig geplanter und pieksauberer Toiletten-„landschaften" und immer wieder geschäftig wirkende Gurungs, Tamangs, Sunwars usw., die schon morgens um sieben mit dreckigen Lappen und noch dreckigerem Wischwasser auf den gesprungenen Großformat-Fliesen der Eingangshalle einen gräulich-weißen Dreckfilm erzeugen.

Namaste! (6)

Die Abfertigung ist trotz der allgegenwärtigen Polizeipräsenz schnell passiert, und wir Sechs „quellen" aus dem Flughafengebäude auf den Parkplatz „Arrival", wo wir sogleich von unzähligen Kleinbus-Chauffeuren umringt werden. Ich bin der Größte, Älteste und Weißhaarigste der Sechs und werde entsprechend umworben. Schnell stellt sich heraus, dass einer der Chauffeure tatsächlich im Auftrag von BAT handelt, aber er tut dies nicht umsonst. Er verlangt keck zehn Dollar für seine Dienste – ich gebe ihm widerstrebend 5 Euro. Und befinde mich in einem Zwiespalt: Angeblich sollten sämtliche Transfers inklusive sein, andererseits sind die Männer hier ohne Zweifel arme Mini-Jobber. Jedoch 10 Dollar? Der durchschnittliche Wochenlohn eines Nepalesen rangiert auf Platz 94 knapp hinter Bangladesch und weit hinter Indien (von 97 erfassten Ländern – Quelle: Laenderdaten.Info) und liegt bei 10 €. Später lasse ich mir sagen, dass die 5 Euro, also 600 Rupien wohl ganz OK waren – uff! Ganz nebenbei bekommen wir alle eine Blumenkette aus gelben Blüten umgehängt – ein Zeichen der Begrüßung und der großen nepalesischen Gastfreundschaft.

Schild am Bus: Tourists only. Mit fällt auf, dass die Busse und Kleinbusse – meist japanisches Fabrikat – mit dem Schild „Tourists only" neueren Baujahrs und außen stets pieksauber geputzt sind. Die morgendliche Fahrt mit Linksverkehr durchs gerade erwachende Kathmandu, durch versiffte und vom Monsun veralgte Hochhaussiedlungen, über Schlaglöcher voller Pfützen und durch lehmigen Morast, vorbei an zum Trocknen aufgehängter und irgendwie dreckig erscheinender Wäsche, vorbei an stoischen, schwarzen Rindviechern und räudigen, kläffenden und bestimmt bissbereiten Hunden versetzt mir einen Kulturschock. Zumal das morgendliche Kathmandu nicht wie kaum vier Wochen später im Sonnenschein und trocken – gleichsam wie aus „1001 Nacht" – strahlt und eher lieblich wirkt, sondern durch den Regen etwas Bedrückendes und Beklemmendes in sich hat.

Im Touristen-Stadtteil Thamel angekommen, verwandelt sich die Schlagloch-übersäte Asphaltstraße in eine sehr holprige Kiesstraße mit viel zu wenigen Gullies, die zusammen das viele Regenwasser gar nicht aufnehmen können und daher überquellen. Die Läden rechts und links sind noch geschlossen – man könnte sie sowieso nur schwerlich erreichen, da die Seenlandschaft auch tückische Löcher hat, in denen man gelegentlich bis zum Knie versinken kann. Später erfahre ich, dass nur ein Teil von Kathmandu an eine funktionierende Kanalisation angeschlossen ist und dass die Stromversorgung von langen Netzausfällen gekennzeichnet ist. Was für Aussichten!

Überhaupt ist die Stromversorgung schon optisch eine Katastrophe: Längs der schmalen Straßen sind in einem dichten Knäuel Dutzende von fingerdicken, schwarzen Stromkabeln gespannt, die mal von armseligen Holzmasten, mal von Auslegern an einer Hausfassade gestützt werden. Alle paar Meter, besonders an Kreuzungen und Straßengabelungen, verlaufen diese Knäuel dann quer über die Straße und bilden eine Art Baldachin. Alle paar Meter verschwindet eines der Kabel in einem gebohrten Mauerloch oder in einem Fenster, wobei ich nicht behaupte, dass ALLE Stromanschlüsse auf diese Art und Weise hergestellt wurden.

Nach insgesamt etwa einer halben Stunde Fahrzeit kommen wir beim „Kathmandu Thamel Marshyangdi Hotel" an, ein krasser Gegensatz zu den meisten anderen Gebäuden. Von übermannshohen Zäunen umgeben, gepflasterter, pieksauberer Innenhof, ansprechende Fassade, saubere japanische Fahrzeuge neueren Baujahrs auf den Parkplätzen, Securities am Tor und im Eingangsportal. Der Transporter kommt auch gleich, und wir laden die Bikes und Taschen ab, bringen die Bike-Kartons in den unteren Flur und alle Taschen in das eine Zimmer, das schon fertig ist. Da bereits um 11 Uhr ein Treffen mit dem örtlichen Agenten geplant ist, machen wir uns auf eine kurze Stadtbesichtigung auf. Doch zunächst brauchen wir Devisen!

Gleich am Tor wartet ein Devisenverkäufer, verfolgt uns beinahe, will uns nepalesische Rupien zum sagenhaften Wechselkurs tauschen. Wir trauen ihm nicht richtig, und Martin versucht's vier Meter weiter auf der anderen Straßenseite in einer offiziellen Wechselstube: Für einen Euro gibt's 124 komma irgendwas Rupien – das scheint nicht schlecht zu sein. Nach einer halben Stunde haben die meisten von uns getauscht und bereits Bekanntschaft mit mehreren Bettlern und fliegenden Händlern gemacht. Sie alle haben die Gabe, uns nicht nur als Europäer zu erkennen – das ist unter lauter „brown people" auch nicht so schwer – sondern uns sogar als Deutsche bzw. deutschsprachig zu identifizieren. Ohne dass wir gerade ein Wort gesprochen hätten! „Hallo Mister, wollen Sie kaufen?" fragt der eine, und „Hallo Mister, wollen Sie Musik machen?" der andere und offeriert uns nepalesische Flöten und CDs mit Flötenmusik. Letzterer sollte uns noch bis zur Rückkehr nach Zürich verfolgen.

Wir wagen uns einige hundert Meter ins mittlerweile wogende Leben von Thamel, die nicht asphaltierte Hauptstraße „Chaksibari Marg" trocknet langsam ab, und mit der Öffnung der Geschäfte links und rechts offenbart sich uns der orientalische Reiz Thamels. Ungezählte Rikschafahrer rumpeln mit oder ohne Fahrgast, oft mit Gemüse, Obst oder anderem Gepäck überladen, zwischen den Schlaglöchern hindurch, und Taxifahrer in abenteuerlich anmutenden Kleinwagen kurven viel zu schnell um Rikschas, Passanten, Obstverkäufer und Pfützen herum.

Wir kehren ins Hotel zurück, wo uns der Agent von BAT erwartet. Er nimmt unsere mittlerweile eingesammelten Reisepässe in Empfang, die er beim Tourismusamt des „Autonomen Gebiets Tibet" vorlegen muss, damit wir ein Sammelvisum (Tibet-Permit) bekommen.

„There are no single visa – and you can get collective visa only here in Kathmandu."

Dann meldet er, wie viele und welche Guides für unsere Tour eingesetzt werden und dass bei Barhabise im nepalesischen Sunkoshi-Tal erst im August ein verheerender Erdrutsch abgegangen sei, der die Straße komplett versperrt habe und die Organisation vor schwierige Aufgaben stellte – aber lösbare.

Dann vertröstet er uns auf 18 Uhr am Abend, wo weitere Informationen folgen würden.

Wir gehen erst mal essen, eine Art Biergarten unweit der „Chaksibari Marg". Da wir uns in den ganzen vier Wochen an die eiserne Regel „peel it, boil it, cook it or forget it" halten, essen wir alle gut und haben keinerlei Verdauungsprobleme. Und wir trinken unser erstes und vorerst letztes „Mt.-Everest"-Bier, denn Alkohol ist – so warnt Claude – einer vernünftigen Akklimatisation abträglich.

Meine Armbanduhr spinnt! Seit dem Flug nach Kathmandu ist urplötzlich die Knopfzelle leer, und ich frage mich, ob hier der passende Ersatz erhältlich ist. Da wir auf der Herfahrt per Bus schon einen Elektronikhändler ausgemacht haben, begleitet mich Martin dorthin.

Der erahnt das Geschäft seines Lebens, präsentiert mir gleich fachmännisch die passende Knopfzelle, nennt einen lächerlich niedrigen Preis und öffnet die Uhr. Mit einem Messer! Als er die Knopfzelle ersetzt hat, will einfach der Deckel nicht mehr auf die Uhr. Er dreht, findet die richtigen Nuten und drückt trotzdem erfolglos, verwendet den Schraubstock (!) – nichts. Er vertröstet mich auf den nächsten Tag – bis dahin will er das Problem gelöst haben.

Zurück im Hotel können wir einchecken. Ich teile mir mit Claude ein Doppelzimmer im 4. Stock. Ich schlafe erst mal 1 1/2 Stunden und gehe danach allein auf Stadtrundgang. Natürlich begegne ich dem Flötenverkäufer ...

Thamel: Vollbepackte Rikscha-Fahrer zwängen sich durch die Menge. Logistik-Angestellte transportieren riesige, etwa zwei Meter hohe und einen Meter breite Packen fest zusammengeschnürter gleichartiger Kartons auf dem Gepäckträger klappriger Fahrräder. Kleinwagen-Taxis fahren hupend dazwischen. In kleinen, überquellenden Läden bieten Händler ihre Waren an: Haushaltsgegenstände, Outdoor-Ausrüstung, Kleidung, Souvenirs, Kalender, Obst und Gewürze, bunte Armbänder, Kerzen, Räucherstäbchen und vieles mehr. In den engen Gassen dieses lebendigen Viertels gibt es Buchläden mit einem umfangreichen Angebot – teils in Englisch – und viele, teilweise sehr gute Restaurants, in denen Bergsteiger und Trekker aus aller Welt ihre Erlebnisse austauschen.

Ich begegne Martin und schließlich nach und nach wie zufällig dem Rest der Gruppe, und wir machen uns unter Claudes Führung auf zum Radladen „Dawn Till Dusk" zum Radhändler Sonam Gurung in der Thamel Mall, den er „dringend" besuchen muss.

Gurung hat seine Werkstatt mit Laden in einer kleinen Nebengasse, und er begrüßt Claude wie einen alten Bekannten mit „Hey, Yakman, it's a long time ago that I've met you here. Everything all right with you?", was sofort in ein intensives Gespräch über Alltägliches und Vergangenes und vor allem über die politische und wirtschaftliche Situation Nepals mündet. Gurungs Laden ist eine Fundgrube für alle, die auf „Vintage" stehen: Von der 8-fach LX bis

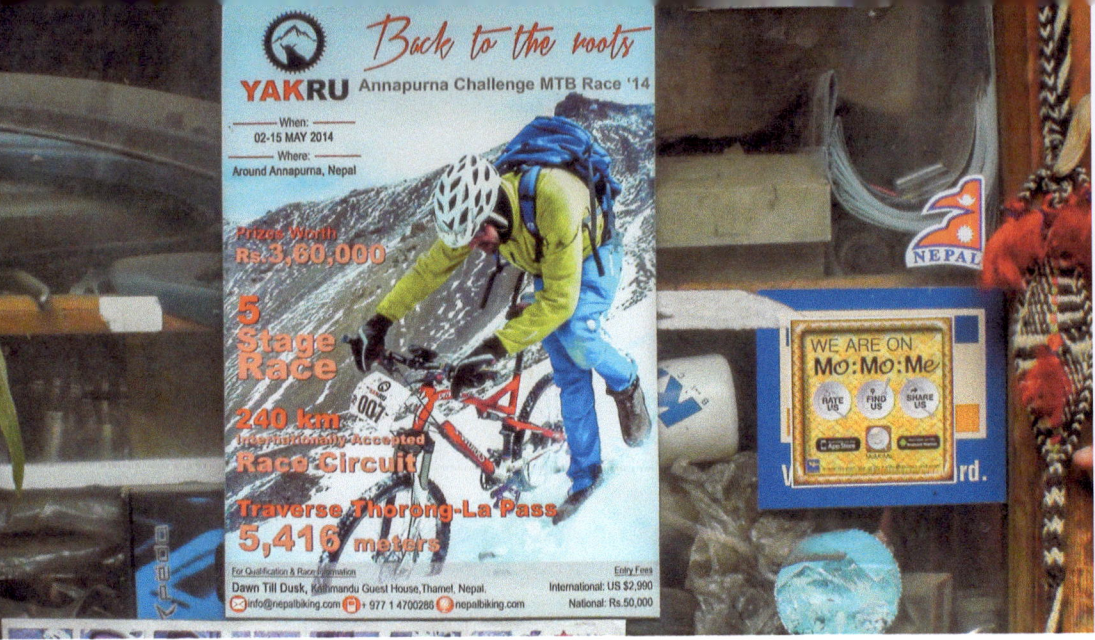

zur gerade erst von Shimano präsentierten elektronischen XTR Di2-Schaltung, vom eisernen Fahrradpedal mit Kurbelkeil bis zu Carbon-Vierkantkurbeln mit BSA-Innenlagern, von Messerspeichen für Aero-Felgen bis zu Gewindestangen, die als Speichen für Rikscha-Laufräder umfunktioniert wurden, findet man fast alles hier. Wir sechs drängen uns in der schummrigen Werkstatt hinter dem klitzekleinen Verkaufsraum, während Claude und Gurung weiter politisieren. Irgendwann kommt Gurung auch auf seine eigenen sportlichen Erfolge zu sprechen. Er führt uns nach draußen, wo man zwei von innen an sein Schaufenster geklebte Poster lesen und bewundern kann: Das eine ist ein Werbeplakat für das 5-Etappen-Bike-Rennen über 240 km, das „Annapurna Challenge MTB Race '14", das erst im Mai stattgefunden hat. „The Thorong La was very hard", kommentiert Gurung nicht ohne Stolz, denn er hat an dem Rennen teilgenommen und ist offensichtlich eine richtig gute Zeit gefahren. Der Thorong La ist immerhin 5.416 m hoch …

Das andere ist ein Aufruf für ein Kilometersponsoring, mit dem „die Radlergemeinschaft zusammenfindet", um eine bessere Ausstattung in einer Entbindungsstation in Pyutar/Lalitpur zu finanzieren. Es trägt den Titel „Kathmandukora Cycling Challenge" und bezieht sich auf den 19. Juli. Wir bekommen alle eine Visitenkarte von ihm: Sonam Gurung, First Nepali Mountain Bikers. Gurung ist bescheiden und authentisch zugleich.

Wieder draußen, müssen wir die kleine Nebengasse gar nicht verlassen, um uns neuen Gelüsten zuzuwenden: Hier ist eine kleine Teeküche, in der es den obligatorischen Milchtee „Chiya" gibt. Meine Begleiter nippen an den kleinen Gläsern und genießen – ich kann mich auch in den nächsten vier Wochen nicht wirklich daran gewöhnen ...

„Yakman" ist übrigens in Nepal, Tibet und allen asiatischen Ländern, die Claude schon bereist hat, bekannt wie ein „bunter Hund": Er nennt nämlich sein Mountainbike „Yak": Stabil und genügsam, langsam und dafür große Anstrengungen gewohnt, für manche Menschen sogar lebenswichtig!

Wir müssen noch einkaufen! Hier in Thamel, wo es an jeder Ecke einen kleinen Laden für Trekker- und Bergsteigerbedarf gibt, decken wir uns noch mit notwendigen Dingen für unsere große Reise ein: Warme Daunenjacken für das abendliche Zusammensitzen im Zelt, gefütterte Outdoor-Multifunktionshosen, Thermo-Radjacken, Faserpelz-Innenschlafsäcke und tibetische Wollmützen. Die Preisunterschiede sind abenteuerlich: Kostet eine typisch tibetische gefütterte Wollmütze in einem Laden 100 Rupien (= 1,24 Euro), so ist dieselbe Mütze in einem anderen Laden erst für 500 Rupien zu haben. Wir müssen also zuerst genau wissen, was wir brauchen, dann die entsprechenden Läden dafür finden und deren Preise vergleichen, dann gezielt einkaufen. Feilschen lohnt sich in jedem Fall.

Wobei das Feilschen auch komplett danebengehen kann: In einem Laden für Bücher, Kalender und Reiseführer stoße ich auf einen gebrauchten deutschen Nepal-Reiseführer für ursprünglich 15,90 Euro. Ich frage die Dame an der Kasse, was er denn kosten soll, und sie antwortet „2.000 Rupies" – das ist mehr als der empfohlene Verkaufspreis. Ich wundere mich und schlage ihr die Hälfte vor, was für ein gebrauchtes Buch immer noch ein stolzer Preis ist. Daraufhin wird sie unwillig und schickt mich aus dem Laden: „You should go now!"

Ich weiß nicht, ob ich mich mehr über meine eigene Unfähigkeit zum Feilschen oder über die Sturheit der Frau ärgern soll. Jedenfalls drehe ich eine kleine Runde am Platz, betrete den Laden abermals und kaufe den Reiseführer für 1.500 Rupien. Ich ärgere mich, dass ich ihn nicht schon in Deutschland gekauft habe.

Um 18 Uhr sind wir alle wieder im Hotel und erwarten in der Lobby eine weitere Einweisung durch Gurung, der wohl so eine Art „Chef" des nepalesischen Partners von BAT zu sein scheint. Er begrüßt „Yakman" wie einen alten Freund und heißt uns alle herzlich willkommen. Er selbst würde uns nicht begleiten, wohl aber würde sein Sohn Tenzing der Guide auf dem MTB sein. Tenzing. Was für ein Name in Nepal! Tenzing Norgay und Edmund Hillary, die Erstbesteiger des Mt. Everest im Jahre 1953. Die beiden, nach denen z.B. der kleine Flughafen Lukla in der Nähe des südlichen Basislagers umbenannt wurde. Laut Gurung gäbe es nicht nur – wie schon mittags berichtet – Probleme wegen des Erdrutsches im Sunkoshi-Tal, sondern auch auf dem Pang La (La = Pass) kurz vor dem Mt. Everest-Basislager Nord, der gerade asphaltiert würde und daher gesperrt wäre. Daher müsse man hin und zurück zum Basislager dieselbe Route über den Nam La nehmen.

Sechs Transporter für sieben Mountainbiker

Überhaupt wird mir jetzt erst bewusst, welch ungeheure logistische Leistung unsere Himalaya-Überquerung des Jahres 2014 darstellt: Ein erster Transporter bringt Ausrüstung und Gepäck bis zum Erdrutsch im Sunkoshi-Tal. Trägerinnen und Träger bringen das Ganze zu Fuß etwa 3 km weiter zu einem zweiten Transporter jenseits des Erdrutsches. Der fährt dann weiter auf dem gefährlichen „Ar(a)niko High-way" bis zur „Friendship Bridge", der Grenze zwischen Nepal und Tibet. Da diese nur zu Fuß überquert werden darf, muss erneut ausgeladen werden, und Trägerinnen und Träger bringen die Last zu einem tibetischen LKW, der im Dauerstau jenseits der Grenze wartet. Der LKW fährt auf dem Friendship Highway weiter nach Lhasa. Zurück dasselbe noch einmal – macht 6 verschiedene Transporter bzw. LKWs.

Abends gehen wir sechs ins „Ying Yang" in der Chha zum Essen – dort gibt's köstliche Speisen (ich esse Prawns mit Knoblauchsoße). Wir sitzen bei Schummerlicht (der Strom fällt trotzdem alle paar Minuten aus) auf sauberen Teppichen auf dem Boden, diskutieren und genießen. Wir entschließen uns für eine gemeinsame Kasse und zahlen erstmal pro Nase 100 Euro ein. Claude bezahlt erstmals aus dieser Kasse.

Lutz (links) und Jakob haben das Matterhorn fast umrundet. Hier die Abfahrt von der Theodulhütte.

JAKOB

Jakob ist mein langjähriger Bike-Begleiter und normalerweise für alle „Bike-Schandtaten" bereit. Mit ihm habe ich bereits den Mont Blanc und das Matterhorn (die Theodulhütte ist auf 3.317 m Höhe und hatte ihm nichts ausgemacht) umrundet. Mit ihm bin ich den Meije hinuntergedüst und mit ihm habe ich schon mehrere Trans Alps unternommen. Jakob legt extremen Wert auf seine Figur (bei ca. 1,75 m Größe wiegt er nur 65 kg) und ist deswegen (aber nicht nur deswegen) ein begnadeter Bergfahrer. Er ist eigentlich Ex-Bauer und hat damit einen eigenen Wald, (er nennt ihn seinen eigenen!) in dem er mit Säge und Hammer, mit Holzbohlen und Nägeln, mit Astschere und Laubbesen eigene knifflige Trails anlegt. So knifflig und eng, dass man als Gelegenheits-Biker auf dieser Strecke schon höllisch aufpassen muss, wenn man nicht die Lenkerhörnchen zwischen zwei Bäumen einhängen oder auf dem oft rutschig-lehmigen Untergrund abschmieren will.

Und Jakob sollte mich nach Tibet begleiten. Ihm sei schon einmal richtig schlecht während einer Bergtour auf knapp 4.000 m Höhe geworden, wehrte er ab, und ließ sich auch bis zum Schluss nicht umstimmen. Er begleitete mich zwar zum Infotag nach Zürich, aber das war's (in dieser Hinsicht) auch schon.

Ich allerdings bekam dadurch einen Riesenrespekt vor der Höhe, informierte mich in diversen Foren, las diesbezügliche Abhandlungen in Büchern und probierte die Höhe selbst aus: Während eines einwöchigen Skiurlaubs in Les Houches bei Chamonix im März 2014 reservierte ich einen Tag für die legendäre Skitour durchs Vallée Blanche. Man fährt mit der Seilbahn von Chamonix auf den Aiguille de Midi (3.842 m) und von dort zurück durchs Vallée Blanche, das Mer du Glace und Montenvers zurück nach Chamonix. Mit über 22 km Länge die längste Skiabfahrt der Welt. Oben auf dem Aiguille du Midi probierte ich meine Leistungsfähigkeit aus: Von der Terrasse beim Ausstieg stieg ich auf der Außentreppe zwei Stockwerke hoch ins

Restaurant: Ich war zwar außer Atem, musste alle 5 Stufen verschnaufen und spürte die Höhe, weiter war aber nichts.
Übrigens, Jakob ist Jahrgang 1942.

Kathmandu, 2. Tag

Obwohl wir trotz einer im Flugzeug durchwachten Nacht erst um 23 Uhr zu Bett gegangen sind, fühle ich mich am Morgen erfrischt und bin total neugierig auf Neues. Wir frühstücken in einer mit Pflanzen und Tonkrügen reichhaltig ausgestatten und geschmackvoll möblierten Loggia und genießen die angenehme Wärme des Morgens. Später holt uns ein gut deutsch sprechender Guide namens Santos per Minibus vor dem Hotel ab und beginnt eine Besichtigungstour durch Kathmandu. Das erste Ziel ist der (es heißt wirklich „der" und nicht „die") ... Stupa (7) von Swayambhunath, der weiß glänzend auf einem von unzähligen freilaufenden und hier hoch geschätzten Affen bevölkerten Hügel steht. Oben in dem buddhistischen Tempelkomplex angekommen, erkennen wir rechts und links des Stupas jeweils einen hinduistischen Turm – ein gutes Beispiel für die Verzahnung von Buddhismus und Hinduismus in Kathmandu und Zentral-Nepal. Natürlich dürfen Läden mit billigen Souvenirs hier oben nicht fehlen – es werden aber auch kunstvoll geschnitzte Marionetten und Holzmasken hinduistischer Götter (wie Brahma, der erste Gott; Shiva, der Zerstörer und Erneuerer; Durga, die 10-armige „schwer Zugängliche", Gütige und Strafende; Ganesh, der Elefantengott u.a.) oder CDs des allgegenwärtigen Mantras „Om mani padme hum" (8) in immer derselben Instrumentalfassung feilgeboten.

Schade, dass sämtliche Skulpturen hinduistischer Götter mit roter Farbe verschmiert und dadurch in unseren Augen unansehnlich geworden sind.

Wir lassen uns aufklären: Religion ist mit dem Alltag eines Nepalesen untrennbar verbunden. Wichtiger Fixpunkt im Tagesablauf ist die Puja, das Gebet zu Ehren der Götter. Sie kann in den eigenen vier

Sadhu am Bagmati

Wänden, aber auch bei den Tempeln und sonstigen Heiligtümern stattfinden. Hier bilden sich oft lange Schlangen, und wenn man an der Reihe ist, umwandert man zunächst die Wohnstätte des jeweiligen Gottes im Uhrzeigersinn. Dann überreicht man der Skulptur meist fünf Gaben: Blumen, Weihrauch, Licht, Sindur (gefärbtes Pulver) und Lebensmittel, z.B. Reis. Dafür empfängt man den göttlichen Segen, der zum Schluss der Kulthandlung mit einem Tika (9) „quittiert" wird: Dazu nehmen die Hindus etwas rote Farbe mit der Fingerkuppe vom Kultobjekt und tupfen sie sich als Punkt, als Tika, auf die Stirn.

Klar, dass sich die zunächst optisch ansprechenden roten Pulverhäufchen im Laufe der Zeit durch unzählige Pilger in unansehnliche Farbflecken verwandelt haben!

Und wir wissen, was der rote Punkt auf der Stirn der Hindus bedeutet ...

Wir gehen die Treppen hinunter zum unten wartenden Minibus. Der bringt uns zum heiligen Fluss Bagmati und zum ...

Ort der Totenverbrennung. Für uns Europäer hat der Ort irgendwie etwas Schauriges, doch hat ein Hindu, der hier verbrannt wird, eine bessere Chance auf seine Wiedergeburt. Da dieser Ort Shiva geweiht ist, sitzen hier auch viele Sadhus (31) in abenteuerlicher Bemalung und mit verwahrlosten Bärten. Wir können in pietätvollem Abstand vom anderen Flussufer zusehen und sogar filmen und fotografieren, wie immer der älteste Sohn eines Verstorbenen (hier sind gerade zwei Verbrennungen im Gange) unter Anleitung eines Brahmanen (eines Priesters, der zur höchsten Kaste gehört) das mit Butter getränkte Strohbüschel anzündet, dieses in den Mund des Toten steckt und damit den ganzen Scheiterhaufen zum Brennen bringt. Die Asche wird in den Bagmati gestreut werden – ein paar Meter weiter wird Wäsche gewaschen und Kinder spielen im Fluss.

Wir fahren weiter am Flughafen Tribhuvan vorbei in einen der nördlichen Stadtteile Kathmandus. Hier gibt es einen von der Boudha Road aus erreichbaren, fast kreisrunden, von Touristen übervölkerten verkehrsfreien Platz, in dessen Mitte der von unzähligen Gebetsfah-

nen geschmückte Boudhanath-Stupa steht. Um ihn herum Elefanten aus Stein und kunstvoll gearbeitete Gebetsmühlen. Wir erforschen die vier Ebenen des Stupa, umrunden ihn in der „vorgeschriebenen" richtigen Richtung (im Uhrzeigersinn), werfen Blicke in die vielen Geschäfte rund um den Platz. Hier gibt es Glocken und Dorje (kultische Donnerkeile aus Bergkristall), Klangschalen und Gebetsmühlen für Zuhause, Gebetsfahnen und Kalender und vor allem Thankas, die kunstvollen Gemälde buddhistisch-hinduistischer Tantra-Darstellun-

Boudhanath-Stupa

gen. Sogar eine Thankaschule gibt es hier, und gleich werden wir hineingebeten.

Doch Santos hat anderes mit uns vor: Im ersten Stock eines der Läden ist das Restaurant „Golden Eye", das sogar noch eine wunderschöne Dachterrasse im 2. Stock hat. Hier machen wir Mittagspause und genießen von der Terrasse aus den wunderschönen Blick auf den Boudhanath-Stupa, den Platz und die Berge in der Ferne. Im Dunst glaubt man sogar den Himalaya mit seinen schneebedeckten Gipfeln sehen zu können.

Auf der Busfahrt ins Hotel geraten wir in einen fürchterlichen Stau. Wir tragen's mit Fassung und verabschieden Santos im Innenhof des Hotels.

Da war doch noch was? – Richtig, die Uhr! Ich laufe zum Elektronikhändler um die Ecke, bekomme meine Uhr, kaufe gleich noch einen Ersatzakku für meine Filmkamera und schlendere zurück zum Hotel. Auf dem Weg dorthin treffe ich Katrin, die den weltberühmten Durbar-Square, der in der Nähe sein soll, sucht. Da ich den auch suche, schließe ich mich Katrin an, und wir machen uns nach einem Blick auf den Stadtplan ziemlich zielgerichtet auf den Weg. Wobei „ziemlich zielgerichtet" nur am Anfang wörtlich zu nehmen ist, denn alle Straßenbezeichnungen des verwinkelten Thamel sind in Sanskrit. Da es unterwegs auch noch ziemlich viel zu sehen gibt – z.B. einen Obst- und Gemüsemarkt mit völlig unbekannten Obst- und Gemüsesorten und immer wieder neue Tempel und Stupas – verfransen wir uns hoffnungslos und müssen die Hilfe eines Rikschafahrers in Anspruch nehmen. Der bringt uns in 5 Minuten ins gar nicht so weit entfernte Hotel ...

Im Hotel gibt es eine neue Anweisung von Gurung: Da im „Kleinflugzeug" (immerhin Airbus A318) von Kathmandu nach Lhasa nur EIN Gepäckstück transportiert wird und nur 20 kg erlaubt sind, sollen wir unsere Bike-Kartons öffnen und mit dem Gepäck aus den Reisetaschen auf genau 20 kg auflasten. Für diesen Zweck hat Gurung extra eine Waage mitgebracht. Die auf diese Weise etwas erleichterten Reisetaschen und Rucksäcke würden dann per LKW nach Lhasa transportiert werden. Diese Vorgehensweise würde nicht nur den Transportbestimmungen der „China Air" genügen, sondern würde auch den Trägern am Sunkoshi und an der Friendship Bridge nützen.

Außerdem werden wir dringend ermahnt, keine Fotos des Dalai Lama und keine kritischen Abhandlungen über Tibet mitzunehmen.

Da genau dies in den meisten Reiseführern aber nicht zu vermeiden ist, sollen wir unsere Reiseführer ebenfalls in die Bike-Kartons stecken – die würden höchstwahrscheinlich nicht kontrolliert werden.

Zu Abend essen wir im „Restaurant mit der höchsten Dachterrasse Kathmandus". Stromausfall und Regen vertreiben uns aber bald von der Terrasse ins dunkle Innere des Restaurants. Es schmeckt uns trotzdem.

Mein erstes Bike

In den ersten Jahren meiner „Radsucht" war ich überzeugter Rennradler, der wie andere auch den gerade erst in „Mode kommenden" Bikern nachsagte, sie frästen mit ihren Geräten die Hänge runter und würden die Natur gefährden. Da sich meine Vorliebe fürs Rad auch an meiner Schule herumsprach, erzählte mir im Sommer 1990 ein Schüler, er würde in die USA fliegen und sich dort bei der Gelegenheit eines der hierzulande noch unbekannten Mountainbikes kaufen und mitbringen. Ob ich auch eines wollte? Gar nicht nachdenkend, was ein Bike-Transport per Flugzeug für Umstände machen könnte, sagte ich zu und hatte ein paar Wochen später mein erstes Mountainbike: Ein schwarz glänzendes Cannondale mit grünen Punkten, Cantilever-Bremsen, XT-Ausstattung und noch ohne Federung. Ich lernte schnell, dass Biker gar nicht so sind, wie ihnen nachgesagt wurde, (vielleicht, weil ich jetzt selbst einer war oder werden wollte?)und dass sie stets Wege benutzen. Vielleicht nicht gerade welche, die breiter als zwei Meter sind, aber immerhin ...

Das Bike wurde später mit einer Federgabel nachgerüstet und hat die längste Laufleistung meiner bisherigen 5 Mountainbikes. In den letzten Jahren seines Einsatzes verwendete ich es als Alltags-Rad, und so kommt es leider nicht von ungefähr, dass auch es eines Tages (wie das Herkules-Stahlrad) vom Schulhof geklaut wurde. Derzeit fahre ich – nach einem Fully – wieder ein Hardtail aus Carbon.

Abflug aus Kathmandu, 3. Tag

Während es draußen noch regnet, gibt's drinnen in der Loggia des Hotels Frühstück. Wir laden anschließend die 20-kg-Kartons in einen von zwei Minibussen, die uns zum Flughafen Tribhuvan bringen. Durch den morgendlichen Regen sind die Straßen erneut so verschlammt wie am ersten Morgen, und Kathmandu verabschiedet sich gleich düster, wie es uns begrüßt hatte. Wegen der Bike-Kartons muss man 3 Stunden vor dem Abflug einchecken – was für eine sinnlose Schikane angesichts der ansonsten problemlosen Abfertigung und der Warterei von drei geschlagenen Stunden in der spartanisch möblierten Halle „Abflug". Erneut geschäftig wirkende Gurungs, Tamangs, Sunwars usw., die mit dreckigen Lappen und noch dreckigerem Wischwasser auf den gesprungenen Großformat-Fliesen der Abflughalle einen weißen Dreckfilm erzeugen.

Ich habe das Sammelvisum. Wahrscheinlich, weil ich der Größte, Älteste und Weißhaarigste der Sechs bin, soll ich die Chinesen freundlich stimmen. Das scheint auch zu funktionieren, denn nach der fast endlosen Warterei ist die Grenzabfertigung ein Klacks und wir sind im Flugzeug. Bonbon Nr. zwei: Ich habe durch Zufall einen Fensterplatz ganz rechts hinten bekommen und weiß, dass wir gleich links am Mt. Everest vorbeifliegen werden.

Von Kathmandu nach Lhasa fliegt man ziemlich genau eine Stunde – nach etwa 20 Minuten fliegt man westlich am Mt. Everest vorbei. Es hat viele Wolken, aber trotzdem ist dieser erste direkte Anblick dieses höchsten Berges der Erde ein unvergessliches Erlebnis. Ich zeige auf den Berg – und das tun in diesem Moment wohl mehrere ganz rechts Sitzende, und es ist ein Wunder, dass der Airbus in diesem Moment nicht mit seiner rechten Flügelspitze nach unten taucht. Alle sind begeistert. Die karge Landschaft, die sich nach dieser Zäsur an die eben noch gesehene Tropenlandschaft anschließt, wirkt geheimnisvoll und fremdartig. Aus der Luft können wir den Brahmaputra, Shigatse und Lhasa erkennen.

Ich lege noch einmal Hand an meine Uhr mit neuer Knopfzelle, auf deren Zifferblatt seit gestern alle drei Zeiger mit rasender Geschwindigkeit um ihre Achse rotieren und den Energievorrat der neuen Knopfzelle plündern. Da die Uhr weder auf meine Einstell- oder Reset-Tastendrücke noch auf gutes Zureden reagiert, entferne ich die Knopfzelle und verzichte im Folgenden auf die Zeit am Handgelenk.

Wenig später landen wir pünktlich auf dem Lhasa Gonggar Airport.

Welcher Kontrast zu Kathmandu! Der Flughafen ist ein architektonisches Wunderwerk aus Glas, Beton und Stahl (da mögen die Ansichten auseinandergehen), sehr sauber und könnte in dieser Hinsicht mit jedem deutschen Flughafen mithalten. Die Abfertigung geht flott vonstatten – ich lege wieder das Sammelvisum vor – und kurz nach dem Aufsetzen finden wir uns bei angenehmen Temperaturen (wir sind nun auf 3.570 m Höhe!) mitsamt unserer Bike-Kartons draußen vor dem Flughafen wieder und werden von einem Fahrer namens Tshering mit dem weißen Khatag (10), dem tibetischen Begrüßungsschal, empfangen. Tshering soll uns mit seinem Kleinbus ins 45 km entfernte Lhasa bringen – ein kleiner LKW transportiert die Bikes.

Lhasa und der Bankomat

Wir fahren bei wenig Verkehr auf einer funkelnagelneuen Autobahn von Gonggar nach Lhasa, durch nagelneue, hypermoderne Tunnels, die die deutsche Sicherheitsrichtlinie spielend bestehen würden, an Tankstellen vorbei, die so neu sind, dass sie noch gar nicht in Betrieb sind. Da vor erst drei Wochen die Peking-Lhasa Bahn nach Shigatse verlängert wurde, können wir auch die neue Trasse der Bahn mit zwei soeben fertig gestellten Bahnhöfen bewundern. Kurz vor Lhasa müssen wir den ersten von vielen noch zu durchfahrenden Checkpoints passieren, und wir bekommen einen ersten Eindruck davon, mit welcher Polizei- und Militärpräsenz die Chinesen ihre Einflussnahme in Tibet sichern müssen.

Altes Stadtbild oder pseudotibetisch?

Nach einer Brücke über den Kyi Chu (Lhasa River) fahren wir zunächst durch den neueren Teil Lhasas. Hier wurden viele Häuser abgerissen, um Platz für die breite Straße und neue Tsitsi Kang-Wohnblöcke, „Rattenkäfige" aus Beton, zu erhalten. Aber auch im älteren Teil Lhasas gibt es rechts und links der Bejing Road kaum noch hundert alt-tibetische Häuser – alles andere wurde im Schnelldurchgang abgerissen, neu hochgezogen und quasi als Feigenblatt mit pseudotibetischen Fassaden ins Straßenbild eingepasst. Hielten früher rechts und links von krummen Gassen meterdicke Mauern aus Stein und Lehm die Kälte ab und speicherten die Wärme, so erledigt dies heute der Beton, der auf vielen Baustellen seine Schnellbauqualitäten offenbart. Auf den ersten Blick wirkt die vierspurige Bejing Road vorbei am Potala-Palast großstädtisch, westlich und sauber – wir könnten auch in einer deutschen Großstadt sein.

An Firmengebäuden, Fahrzeugen, Bauprojekten und Menschen sieht man, dass durch die Expansionspolitik Chinas die Tibeter so langsam zur Minderheit in ihrem eigenen Land, in ihrer eigenen Stadt werden. Jeden Sommer kommen 100.000 chinesische Arbeitssuchende nach Lhasa, um sich ein Stückchen vom Kuchen des Baubooms und der Entstehung neuer Industrieansiedlungen abzuschneiden. Da die meisten zunächst ohne Familie kommen, folgen ihnen Prostitution, Glückspiel und sonstige Kriminalität. Durch die Peking-Lhasa-Bahn, erst recht durch deren Erweiterung bis Shigatse, wird diese Expansion noch weiter gefördert, und man spricht schon davon, wie lange es noch dauern wird, bis das sich aufblähende Lhasa mit all seinem Staub und Smog das ganze Tal ausgefüllt haben wird. Man fragt sich, wie lange es noch dauern wird, bis, ökologisch gesehen, Lhasa dieselben Probleme haben wird wie derzeit Peking, Shanghai, Chongqing oder Shenzhen.

Dieser ohne Zweifel für Tibet auch notwendige Wirtschaftsboom hat noch weitere Schattenseiten: Er erniedrigt die Tibeter, führt ihnen ihre eigene Ohnmacht vor Augen und zeigt ihnen ihre bisherige Unfähigkeit zu ähnlichen Leistungen. Als Propagandamedium dienen 80 Fernsehkanäle, die rund um die Uhr zeigen, wie toll die Chinesen erst in ihrem Kernland sind, und unreflektiert zu weiterem Konsum und Energieverbrauch anspornen.

Warum die hier nur alle mit ein einem Mundschutz rumlaufen? Zwar ist bekannt, dass der Smog weite Teil Chinas fest im Griff hat und dass 90 % der Metropolen Chinas die Grenzwerte der Weltgesundheitsorganisation (WHO) überschreiten (SPIEGEL 22.1.2015). Im Dezember 2015 wird die Smog-Belastung in Peking das 25-fache des WHO-Grenzwertes von 25 Mikrogramm pro Kubikmeter Luft überschritten haben – da kann es nur wenig beruhigen, dass China mehr als jeder andere Staat der Erde in „grüne Energie" investiert und 2014 so viele Solar- und Windkraftanlagen errichtet hat wie der Rest der Welt zusammen.

Doch wir sind in Lhasa, und die wirtschaftliche Expansion setzt dem fragilen, jedoch momentan noch intakten Ökosystem weit weniger zu als im Kernland China. Hier gibt es vergleichsweise wenig

Industrie, der Strom kommt vom Erdwärme-Kraftwerk in Yangbajing, und der Autoverkehr hält sich in Grenzen. Hier gibt es mehr Elektroroller als Zweitakt- oder Viertaktroller, hier gibt es an jeder Ecke E-Bikes zum Mieten, hier gibt es keine stinkenden Tuk-Tuks. Zumal die meisten Atemmasken den besonders gefährlichen Feinstaub mit Partikeln, die kleiner als 2,5 Mikrometer sind, gar nicht filtern können, und zumal z.B. Schwefeldioxid oder Stickoxide überhaupt nicht von ihnen aufgehalten werden. Wozu also diese Vorsicht? Vor allem bei chinesischen Frauen! Gewohnheit? Mode?

Wir kommen aus dem Staunen gar nicht mehr heraus und finden uns viel zu schnell im Innenhof eines riesengroßen Hotels, des „Tibet Gang-gyan Lhasa Hotels" ein. Bus und LKW halten – vorbei der Transfer.

Ich beziehe gemeinsam mit Ralph ein Zimmer im 4. Stock. Das Zimmer müssen wir uns von einer Angestellten öffnen lassen – die Codekarte funktioniert nicht. Sie wird auch morgen und übermorgen nicht funktionieren. Vom Fenster haben wir Aussicht auf ein paar grüne und ein paar völlig nackte Berge und tolle Wolkenformationen. Wir sehen aber auch in unmittelbarer Nähe ein trostloses Hinterhofmilieu mit abgestelltem Schrott statt belebendem Grün. Immerhin: Auf den Flachdächern wehen bunte Gebetsfahnen von den Blitzableitern und von den Kaminen.

Wir treffen uns im Atrium vor dem Hotel. Es ist überspannt mit Hunderten von Gebetsfahnen in Pastellfarben, die dem Atrium ein scheinbar luftig-leichtes Dach verleihen. Wir brauchen erst mal Geld in einheimischer Währung, also chinesische Yuan. Die Chinesin an der Rezeption erklärt uns den Weg zum nächsten Bankomaten – kaum 100 m von hier.

Der Bankomat stellt sich als Kette von 3 Bankomaten der „Bank of China" in einem kleinen Vorraum heraus. Ich bin der Mutigste, nähere mich dem mittleren Bankomaten, schiebe meine EC-Karte hinein und warte auf die Anweisungen. Die erscheinen auch – allerdings auf chinesisch. Kein Anzeichen einer anderen wählbaren Sprache. Ich studiere das Display: Keine Ähnlichkeit mit irgendeinem westlichen

Der mittlere Bankomat wirbt mit einladendem Englisch - was dann folgt, ist wahrlich Chinesisch

Bankomaten-Display. Ich drücke eine der Tasten links und rechts vom Display: Nichts. Die nächste: Nichts. Nach der nächsten Taste ändert sich der Text auf dem Display. Die Karte bleibt im Kasten.

Eine Chinesin, die sich mittlerweile genähert hat, versteht Englisch und übersetzt uns den Text auf dem Display: „Ihre Karte wurde nach drei Fehlversuchen eingezogen." Die Chinesin ist sehr nett und liest auch die Nummer der Hotline aus dem Display ab: Wenn man sich dort melde, könne man seine Karte zurückerhalten. Sie verwendet sogar ihr eigenes Handy, um gleich bei dieser Hotline anzurufen und erfährt dort, die Bank werde am nächsten Tag gegen 10 Uhr einen

Mitarbeiter bei uns im Hotel vorbeischicken. Was – so erfordert es die Tragik der Situation – natürlich nicht passieren wird.

Dabei wäre alles so einfach gewesen: Automat Nummer 1 ist nämlich ein Wechselautomat. Da ich bei meinen Biker-Kollegen nun sowieso irgendwie blöd dastehe, ist sowieso „alles egal", und ich versuche mein Glück tatsächlich ein zweites Mal. Schiebe einen 100-€-Schein in den Automaten, und er spuckt 720 Yuan aus. Heureka!

Wenig später schlendern wir, reich an „Barem", in Richtung Fußgängerzone. Xiasasu Road. Wir staunen über die reiche Verzierung der Fassaden und Laternen, und vor allem das viel verwendete Hakenkreuz fällt uns auf (11). Ein Restaurant sieht vertrauenerweckend aus, wir treten ein und bestellen. Und lernen. Nämlich, dass alles auf einmal kommt, wenn man auf einmal bestellt und mangels Verständigung die Reihenfolge nicht mitteilen kann: Vorspeise, Hauptspeise, Dessert. Nudelsuppe, Yak-Stew, Kartoffeln und Reis. Beim chinesischen Essen gibt es keine zeitliche Speisenfolge nach europäischen Vorstellungen. Ist aber lecker, und wir suchen beschwingt eine Apotheke um die Ecke auf, um uns mit einem „Geheimrezept" einzudecken: Ginseng. Pro Nase gleich 6 Ampullenschachteln, macht zusammen 36 Ampullenschachteln. Der gesamte Vorrat der Apotheke. Soll gegen die Höhenkrankheit Wunder wirken.

Anschließend kaufen wir noch Mineralwasser in einem kleinen Supermarkt und suchen unsere Hotelzimmer auf. Ralph und ich zumindest. Trotz verhältnismäßig früher Bettruhe schlafen wir ausgesprochen schlecht. Die ersten Anzeichen der Höhe.

Lhasa, 2. Tag. Drepung Monastery und Jokhang Tempel

Bei der Morgendusche werden wir überrascht: Die Dusche entpuppt sich als wahrer Duschtempel mit mehreren großen und vielen zum Frühstück in einen leider jugendherbergsähnlichen Frühstücksraum mit riesigen runden Tischen – es gibt aber alles, was bei uns ein kontinentales Frühstück auch bieten würde. Die anderen kommen etwas später. Mittlerweile wissen wir, dass wir von sage und schreibe 7 Tibetern und Nepalis begleitet werden. Es sind dies ...

- Tshering (tibet. = langes Leben), der Fahrer des Kleinbusses;
- Gyatso (tibet. = Ozean), sein Beifahrer, Halter aller schriftlicher Unterlagen und verantwortlich bei Checkpoints;
- Galtso, der Beifahrer des LKWs, hilft in der Küche und als „Hilfs-Zeltaufsteller";
- Lobsang (tibet.), der LKW-Fahrer (sein Namensgeber Lobsang Chökyi Gyeltshen war Abt des Klosters Tashi Lhunpo in Shigatse und Lehrer des 5. Dalai Lama);
- Sujan (nep. = honest), sein Beifahrer, Teamchef und Zeltaufsteller;
- Ranzing, ebenfalls Beifahrer von Lobsang und Küchenchef;
- Tenzing, der junge Bike-Guide (Sohn von Gurung. Tenzing = Wissen)

Dazu kommt ein weiterer Klein-LKW-Fahrer, der uns aber nur nach Yangda Town (kurz von Yangbajing) bringen wird.

Mir ist etwas unwohl angesichts derartig zahlreicher Fürsorge, und ich sage es auch: „Ich komme mir vor wie ein Pascha!", schimpfe ich. „Da hätten auch 3 Begleiter gereicht!" – Ein Kontra, das sich gewaschen hat, kommt stante pede zuerst von Katrin, dann von Claude und den drei anderen: „Wir leisten einen Beitrag gegen die Arbeitslosigkeit in Nepal und Tibet ...! ... Mit dem, was sie durch uns verdienen, und zusätzlich noch dem Trinkgeld, können sie ein halbes Jahr mit ihren Familien leben." Und: „Jeder von ihnen braucht also mindestens zwei derartige Touren pro Jahr, um leben zu können ...!"

Ich gebe zu, hier wohl nicht richtig nachgedacht zu haben und genieße fortan das „Pascha-Leben".

Tshering und Gyatso bringen uns nach dem Frühstück zur Drepung Monastery. Drepung liegt etwa 10 km westlich von Lhasa

Yak-Butter für jahrelanges Tempellicht

windgeschützt an einem Hang und ist eines der größten Klöster der Gelug (= Gelbmützen)-Schule (15). Vor dem Bau des Potala-Palastes residierte hier der Dalai Lama. Heute beherbergt Drepung etwa 600 Mönche. Ein Teil von ihnen verbringt seine Zeit damit, zu meditieren und gespendete 1-Renmin-Scheine (alte 1-Jiao-Scheine – das entspricht 0,1 Yuan) gelegentlich aus den Spendenbehältern zu holen, zu bündeln und für den Tausch am Eingang in Kartons zu verpacken und dort wieder gegen „Valuta" zu tauschen. Ein anderer Teil ist damit beschäftigt, ranzige Yak-Butter aus den gespendeten Beständen zu entnehmen und die Kerzenschalen der ständig brennenden und rußenden Butterkerzen bis zum Rand aufzufüllen. Ein dritter Teil beobachtet die Pilger oder führt leise Zwiegespräche.

    Wir keuchen zuerst die vielen Stufen zum Portal hoch, zeigen die von Gyatso vorher gekauften Eintrittskarten und treten ein das ersten bis zum derzeit 14. (12) und von ungezählten Buddhas. Angefangen vom Religionsstifter Siddhartha Gautama, der allgegenwärtig ist, bis zu Kashyapa, Kanakumani Dipamkara und anderen (13). Sie haben oft gelbe, rote oder blaue Gesichter und sehen manchmal zornig, manchmal gütig aus. Die meisten von sitzen auf einem Thron und demonstrieren die Gebetsgeste Namarska (Hände zeigen aneinandergelegt senkrecht nach oben) oder die Argumentationsgeste Vitarka (Daumen und Zeigefinger bilden ein „O"), die ein Andrehen des Rades (Chakra) der Lehre (Dharma) symbolisiert. Die erste größere Anstrengung für uns – geht schon ...

Dass das Kloster heute zu besichtigen ist, verdanken wir fast einem Zufall: Drepung ist 1913 knapp der Zerstörung entgangen, als der 13. Dalai Lama die mit den Han-Chinesen paktierenden Mönche bestrafen und ihr Kloster dem Erdboden gleichmachen wollte. Zerstört wurde damals aber nur das Kloster Tengyeling. Vor der chinesischen Annexion Tibets (die Chinesen nennen sie „friedliche Befreiung" vom „britischen, imperialistischen Joch") 1950/51 lebten hier über 10.000 Mönche, womit Drepung größtes Kloster Tibets war. Es wurde dann – anders als die meisten anderen Klöster – im Zuge der Kulturrevolution kaum zerstört.

Nach einem Mittagsmahl – wir bestellen Momos (14) und Nudelsuppe mit Yakfleisch – in einer der typischen chinesischen Garküchen fahren wir zurück zum Hotel und schlendern von dort in die Innenstadt. Wir wollen den Jokhang-Tempel besichtigen.

Der Jokhang ist das bedeutendste Heiligtum der Buddhisten in Lhasa und sollte von jedem Buddhisten mindestens einmal im Leben besucht werden. Er liegt in der Altstadt beim Oedepug und ist ein Musterbeispiel tibetischer Architektur. Das Dach ist mit vergoldeten Bronzeziegeln gedeckt und mit einem von Gazellen flankierten Dharma-Rad geschmückt. Umgeben ist er mit einem Wandelgang mit Gebetsmühlen. Im Jahre 2000 wurde er zum UNESCO-Weltkulturerbe erklärt. Im Inneren: Statuen der 14 Dalai Lamas und ungezählter

Maitreya Buddha

Buddhas, beleuchtet von rußenden Butterkerzen. Soweit also durchaus mit Drepung vergleichbar.

Aber nur innen! Außen erschließt sich die Aussage: „ ... sollte von jedem Buddhisten mindestens einmal im Leben besucht werden ...": Etwa 8 – 10 Pilger stehen oder liegen vor den Portalen und werfen sich unaufhörlich nieder. Und das geschieht mit immer derselben Technik: Sie berühren mit den zum Gebet gefalteten Händen zunächst die Brust, das Gesicht und die Stirn und werfen sich dann mit ausgestreckten Händen der Länge nach auf den Boden. Damit sie sich dabei nicht an den Händen verletzen, haben sie sich Holzbrettchen an die Hände geschnallt und gelegentlich Lederschürzen – vermutlich zum Schutz vor Nässe – umgebunden. Bei der Niederwerfung gleiten

sie so aus der Hockstellung nach vorn in die Liegestellung. So erzeugen die 20 Holzbrettchen der 10 Pilger ein Geräusch, das einen noch tagelang verfolgt. Welches Verbrechen müssen die braven Pilger verübt haben, um sich so zu kasteien ...?

Für besonders gläubige Pilger ist die Niederwerfung auch eine Fortbewegungsmethode: Dort, wo die Hände den Boden berührt haben, kommen bei der nächsten Niederwerfung die Füße hin usw. Auf diese Weise werden oft lange Strecken zurückgelegt, und wir haben auf einer der Rad-Etappen hinter Shigatse einen Tibeter während seines „Niederwerfungsmarsches" nach Lhasa angetroffen.

Jetzt gönnen wir uns aber mal was! Claude hat von seinen früheren Lhasa-Besuchen ein Café mit Dachterrasse ganz in der Nähe in bester

Blick vom Jokhang zum Potala-Palast

Erinnerung. Wir bestellen grünen Tee. Ist aber ausgegangen. Kakao: Ist ebenfalls ausgegangen. Kaffee: Gibt's im Moment nicht. Bis auf Buttertee (15) und heißes Wasser ist nichts zu bekommen, und ich frage mich: Richtet sich das gegen uns oder wollen die nur Feierabend machen?

Zu Abend essen wir bei „Kong" in der Xiasasu Road. Eigentlich ist „Kong" kein Restaurant, sondern nur ein Café mit 2 Räumen für insgesamt maximal 12 Personen, und eigentlich bietet Kong kein Essen, sondern nur Snacks an, aber dafür kennen sich Kong und Yakman eine halbe Ewigkeit. Ob Kong so heißt, weil er ursprünglich aus Hongkong kommt, weiß ich nicht mehr, jedenfalls quasseln und politisieren Yakman Claude und Kong an einem Stück und nehmen politisch kein Blatt vor den Mund. Zwischendrin lässt Kong ganz heiße Momos (14) mit Yakfleisch und Gemüse vom Restaurant nebenan kommen. Wir hören den beiden gespannt zu. Zwischendrin erinnern wir uns, dass wir Hunger haben, tauchen unsere Momos in die scharfe Chilli-Soße und essen diesmal wahrscheinlich mehr als Claude. Zum Trinken gibt's heißen Tee – selbst gebrüht von Kong.

LHASA, 3. TAG. BIKE-TOUR DURCH LHASA UND SERA-KLOSTER

Schon wieder schlecht geschlafen! Ich will's nicht wahrhaben, doch die Höhe scheint mir mehr als erwartet zuzusetzen. Und das, obwohl wir dreimal am Tag brav unsere Ginseng-Ampullen köpfen und austrinken! Nach dem Frühstück gestaltet sich unser Tag so, wie wir ihn uns als aktive Biker vorgestellt hatten: Zunächst holen wir die Bikes aus den Kartons. Wir befestigen den Lenker wieder am Vorbau, schrauben die Pedale an, stellen die Schaltung ein, stecken den Sattel ins Sitzrohr, montieren die Laufräder und kontrollieren die Funktion der Scheibenbremsen. Dann legen wir die Kartons flach zusammen – wir brauchen sie wieder für die Rückreise. Doch nicht alle wollen jetzt biken: Claude hat Kopfweh, Katrin möchte shoppen, und so er-

Lutz, Theo und Ralph am Kyi Chu

kunden nur Ralph, Theo, Martin und ich die Stadt per Bike. Erst fahren wir rund um den Potala-Palast, dann vorbei am Stadtpark zum Lhasa River (Kyi Chu), folgen dem Fluss ein paar Kilometer flussaufwärts und fahren dann zum Hotel zurück. Ca. 15 Kilometer. Ralph zeichnet den Track mit seinem Garmin auf.

Mittags essen wir abermals in einer (anderen) der typischen chinesischen Garküchen. Wir sitzen auf einfachen Hockern, essen (schon wieder) Momos mit Yakfleisch, eingetunkt in Chili-Soße, geben aber nur 105 Yuan (das sind ungefähr 14,60 Euro) FÜR ALLE aus. Zum Trinken gibt's heißes Wasser.

Nachmittags fahren wir mit Gyatso (das einzige Mal, dass wir ihn auf einem Mountainbike sehen!) auf unseren Bikes zum Sera-Kloster (16), etwa 3 km nördlich von Lhasa und wie Drepung zum Gelug-Orden gehörend. Dem Orden der „Gelbmützen". Die typisch tibeti-

sche Architektur, die Felsmalereien und die Aussicht sind überwältigend – im Innern sehen wir Statuen der verschiedenen Dalai Lamas bis hin zum 14. sowie ungezählte Buddhas. Meist in Vitarka- oder Namarska-Geste. Im Halbdunkel funzeln die Butterkerzen, und viele Pilger holen mitgebrachte Yakbutter aus ihren Rucksäcken, um die sowieso schon vollen Kerzenwannen bis fast zum Überlaufen aufzufüllen. Wenn sie weg sind, werden Mönche kommen, um die Butter als Vorrat wieder abzuschöpfen. Andere Mönche essen, trinken Cola aus Weißblechdosen, knabbern irgend etwas, spielen mit ihrem Handy herum.

Claude hat sich schon im Drepung-Kloster einen größeren Yuan-Schein gegen alte 1-Jiao-Scheine (Kurs 1:10, damit ist ein Renmin/Jiao etwa 1,3 Cent wert) eingetauscht und legt auch hier neben jeden Dalai Lama, neben jeden Buddha ein paar Geldscheine, die wenig später – wenn wir wieder draußen sind – von einem Mönch eingesammelt, abgezählt und in größere Pakete verpackt werden.

Doch gar so weltlich geht's hier gar nicht zu. Wir wollen gerade die Versammlungshalle verlassen, da sehen wir, wie sich eine Gruppe bisher träge auf den Polstern liegender Mönche in den kiesbedeckten Debattierhof aufmacht, um einer Examination beizuwohnen. Wie heute treffen sich die Mönche täglich in der „Monk Debate", um über religiöse und philosophische Fragen zu diskutieren. Und das tun sie lautstark und mit eindrucksvoller Gestik, die Gebetsketten am linken Arm pendelnd, die rechte Hand zum Schlag bereit. Stürmisch entwickeln die Angreifer ihre Thesen, gewitzte Kombinationen uralter Lehrsätze. Sie schreien, lehnen sich gefährlich weit auf dem Standbein nach hinten. Stampfen dann in einem gewaltigen Ausfallschritt den vorderen Fuß in den Kies, klatschen grandios ausholend und laut die rechte in die linke Hand, bleiben noch lange weit vorgebeugt wie ein Diskus-Werfer nach seinem Wurf. Die Verteidiger sitzen in Gruppen auf dem Boden, wehren die hitzigen Attacken mit ruhiger Stimme, bedächtig gesprochenen Worten und gemessenen Bewegungen ab. Sieger ist, wem es gelingt, sein Gegenüber sprachlos zu machen – die Rollen werden täglich getauscht.

Auf der Rückfahrt ins Hotel trennen wir uns: Drei wollen Tee trinken, drei wollen ins Hotel. Ich will vor allem wegen meiner immer noch verschwundenen Euroscheckkarte ins Hotel.

Leider Fehlanzeige! Der hilfsbereite Tibeter in der Rezeption musste unerwartet ins Krankenhaus, und als er zurückkam, hatte die Bank schon wieder geschlossen. Also morgen!

Zu Abend essen wir in einem sehr einfachen Restaurant mit sehr enger Bestuhlung, nackten Glühbirnen an der Decke, Wachstischtüchern und einem typisch tibetischen stinkenden Stehklo, das nur über etliche verwinkelte und dunkle Gänge zu erreichen ist. Nach

Claude, Martin, Theo, Katrin und Lutz vor dem Potala-Palast

einem kurzen Verdauungsspaziergang durch die Altstadt und den Oedepug gelangen wir zum Hotel und entdecken in der Hotellobby unsere Reisetaschen, die endlich angekommen sind. Oben etwas durchnässt – die Träger im Sunkoshi-Tal oder die an der Friendship Bridge müssen Regen erlebt haben ...

Lhasa, 4. Tag.
Bank of China und Potala-Palast

Gut geschlafen – 3 Tage Akklimatisation scheinen nötig zu sein! Nach dem Frühstück kann ich Lobsang überreden, mit mir zur „Bank of China" zu fahren und dort zu dolmetschen. In der Bank geht es dann ganz schnell: Es gibt ein extra Büro für Scheckkarten-Einzug, dort muss ich mich ausweisen, meinen Pass zeigen und meine Passnummer hinterlegen, dann blättert der Bankangestellte in einem riesigen Stapel aller möglichen Scheckkarten und zieht zielsicher die meine heraus. Kaum habe ich den Empfang quittiert, da läutet mein Handy. Es ist Claude, der statt einem gestern für heute vereinbarten Nachmittags-Besuchstermin für den Potala-Palast nun einen Morgen-Termin hat. Gleich jetzt. Ein neues Taxi bringt mich mit Lobsang zum Treffpunkt beim Potala-Palast – Gyatso wird wie immer die Regularien erledigen und dolmetschen.

Die Gruppe mit Gyatso kommt zu Fuß etwas später.

Der Potala-Palast (17) ist ohne Zweifel der Höhepunkt des Lhasa-Aufenthalts! Auf einen Felsen gebaut und ganze 13 Stockwerke hoch, die nach oben zurückzuweichen scheinen, ist er von weitem zu erkennen. Umgeben ist er von einem gepflegten Park, von dem aus es ungezählte Foto- Standorte hinauf zu dem „Roten Palast" gibt. Man muss aber aufpassen, den chinesischen Kitsch, z.B. bunte Lampions, die sich mittlerweile im Park angesammelt haben, wegzulassen. Wir können uns Zeit lassen, denn unsere Führung (auf Englisch, wie immer) ist erst in 30 Minuten. Im Palast gibt es dann Statuen der verschiedenen Dalai Lamas bis hin zum 14. sowie ungezählte Buddhas. Meist in Vitarka- oder Namarska-Geste. Meist mit roten, blauen oder gelben Gesichtern.

Auch beim Verlassen des Potala gibt es unzählige Fotomotive von dem steilen Fahrweg aus, der vom „Roten Berg" hinunter in die Stadt führt.

Beim Eintauchen in die quirlige Welt in der Nähe der Bejing Middle Road müssen wir erst wieder den Kopf freibekommen. Frei von „viel zu vielen" neuen Eindrücken und unzähligen Informationen. Wir gehen zu Fuß ein paar hundert Meter zu einem Kino in der Neustadt, über dem es im ersten Stock ein Restaurant gibt. Die verdreckten Tischtücher und Sitzkissen verheißen Schlimmes, doch wir müssen uns ja sowieso akklimatisieren. Auch an die Hygiene und den Komfort. Ich esse wie schon öfters Yak-Stew mit Reis. Dazu bestelle ich Cola, die ja desinfizierend wirken soll. Das Essen ist aber OK, der Schokokuchen als Nachtisch sogar lecker.

Ich habe mir vorgenommen, in Lhasa noch ein Kleidungsstück „Made in Tibet" zu kaufen, deshalb trenne ich mich auf dem Nachhauseweg von meiner Gruppe. Durchstöbere ein modernes Kaufhaus, inspiziere die Auslagen in den Boutiquen an der Bejing Road, mache einen Abstecher in eine der Querstraßen, an denen es dicht an dicht unzählige Marktbuden gibt. Es gibt Jeans für knapp 100 Yuan in 34 und 36, aber 34/36?

Ich besinne mich auf den Zweck meiner Reise, marschiere zum Hotel, ziehe mich um und will eine Bike-Ausfahrt zum Bahnhof antreten.

Bahnhöfe

Warum zum Bahnhof? – Bahnhöfe faszinieren mich schon immer. Oft haben sie eine außergewöhnliche Architektur wie in Deutschland der Leipziger, der Berliner, der Münchner, der Frankfurter oder der Kölner Hauptbahnhof, in Budapest der Nyugati pályaudvar (Westbahnhof), die St. Pancreas Railway Station in London, die Stazione di Milano Centrale, der Gare du Lyon in Paris oder der Estação Ferroviária de Porto-São Bento in Porto. Sie alle habe ich schon besucht und bewundert und habe immer wieder dieses eigenartige Fernweh gespürt, wenn „große" (d.h. Züge mit großen Namen wie z.B. Orient-Express, Skandinavien-Express oder einfach „Berlin-Moskau") an den Bahnsteigen hielten. Oft waren auch Besichtigungen unmöglich wie z.B. im Gare du Nord in Paris am Bahnsteig des THALYS oder in Cordoba am Bahnsteig des AVE – da gibt es strenge Sicherheitskontrollen wie auf dem Flughafen.

Aber auch kleine Bahnhöfe können reizvoll sein, und bei manchen fühlt man sich noch heute gleichsam in eine Maxi-Version eines Modelleisenbahn-Bahnhofs versetzt, so z.B. beim Bahnhof Hirschsprung bei Freiburg. Bin ich auf Reisen, versuche ich immer die Bahnhöfe meiner Reiseorte zu besichtigen und nerve damit oft meine Mitfahrer

(meist meine Frau). Oft aber ist das auch mehr „Methode" als „Marotte" – einfach um meinem etwas verrückten Image Genüge zu tun ...

Da es zwar Altes zu erhalten gilt, gleichzeitig aber auch die Bahn der Konkurrenz von Flugzeug und „Flixbus" und Co. trotzen muss, bin ich für Projekte wie Stuttgart 21. Ich fiebere der Eröffnung des teuersten deutschen Bahnprojekts des 21. Jahrhunderts genauso entgegen wie der Eröffnung des Gotthard-Basistunnels, die in wenigen Monaten erfolgen soll.

Vom Tibet Gang-gyan Lhasa Hotel zum Lāsà zhàn

Ich kurve zunächst mit meinem Bike durch die Altstadt und den Oedepug bis zum Lhasa River Kyi Chu, dem ich flussaufwärts folge.

Überquere die Najin Bridge, an der unzählige Gebetsfahnen im Wind flattern. Fahre ein in den Chuanzang Highway, der schnell schlechter und an Schlaglöchern reicher wird, aber ich habe ja schließlich ein Mountainbike. Nur der Wind frischt immer mehr auf, und Höhe und Wind machen es zu einem harten Stück Arbeit, bis ich den Bahnhof von Lhasa im Neubauviertel erreicht habe.

Der Bahnhof war bis vor zwei Wochen Endpunkt der Bejing-Lhasa-Bahn und ist heute – nach Verlängerung der Strecke bis nach Shigatse – nur noch Durchgangsbahnhof. Er wird von unzähligen Soldaten schwer bewacht und ich traue mich (natürlich) nicht, um eine Besichtigung zu bitten. Würden sie mich dann als Spion festnehmen? Würde meine Reisegruppe durch derartige Extravaganzen Schwierigkeiten bekommen? Ich kurve immer wieder um den Bahnhof, schieße Fotos aus verschiedenen „sicheren" Positionen und drehe fast als Provokation einige von meiner Helmkamera gefilmte „Ehrenrunden" auf dem hypermodernen und protzigen, aber menschenleeren „Vorplatz" des Bahnhofsvorplatzes über Stufen und Marmorabsätze.

Zurück fahre ich über dieselbe Brücke, die wir schon beim Flughafentransfer benutzt hatten, zum Park „Norbulingka" unweit des Potala-Palastes zwischen Bejing Middle Road und Luobu Linka Road. Hier steht inmitten von Grünanlagen und Springbrunnen eine riesige vergoldete Yak-Statue.

Was die wohl zu bedeuten hat? Ich lese nach: Der gigantische tibetische Hochlandochse ist wohl ein Überbleibsel vom Geist der stalinistischen Monumentalkunst mit Konzessionen an den mutmaßlichen Geschmack der Touristen, denn auf das typische Grau der damaligen Epoche hat man verzichtet. Damit soll wohl der Yak geehrt werden. Zwar liefern die Yaks und Dris, so die weibliche Form, den Tibetern alles, was sie zum Überleben auf dem unwirtlichen Dach der Welt benötigen — von Fleisch und Milchprodukten über Felle für Kleidung, Schuhe und Zelte bis hin zum Dung, dem wichtigsten Brennmaterial. Dennoch wäre wohl kein Einheimischer je auf die Idee gekommen, einem Tier ein derartiges Denkmal zu setzen ...

Ich fahre zurück zum Hotel und habe 12 km mehr auf dem Tacho. Der mich übrigens seit Jahren ärgert, denn ständig fällt die Anzeige aus. Ich tausche sämtliche Batterien im System gegen fabrikneue, tausche Sender, Computer, Lenkerhalter (Empfänger), Speichenmagneten, ändere die Position von Sender und Empfänger – das Problem bleibt. Erst viel später – im Sommer 2015 – werde ich erfahren, dass sämtliche von mittlerweile durch Kulanzlieferungen und Nachkäufe auf sechs angewachsene Sender defekt sind. Obwohl mein HAC4 jahrelang das Flaggschiff der Fahrradcomputer war, werde ich mich von ihm verabschieden müssen.

Zurück im Hotel treffe ich in der Lobby auf einer neue Bikergruppe aus Rosenheim und Umgebung, die gerade erst eingetroffen ist. Wir gehen gemeinsam in ein Restaurant in der Bejing East Road ganz in der Nähe und werden größtenteils enttäuscht – für die beiden Rosenheimer Vegetarier ist das scharfe und überwiegend wässrige Essen eher eine Katastrophe. Wir sitzen jedoch gut durchmischt an 2 großen runden Tischen und tauschen uns angeregt aus. Der Rest des Abends: Früh schlafen gehen (Theo und Martin), Tee trinken (Katrin, Ralph und Claude), E-Mails lesen und schreiben, Sudokus lösen, ein Violinkonzert von Beethoven hören (der singuläre Rest).

Von Lhasa nach Yangpachen, 8. Tag und erster Bike-Tag

Es stimmt! 3 Tage Akklimatisation auf 3.650 m Höhe reichen mir aus, um herrlich ausgeruht an den Frühstückstisch zu kommen. So jedenfalls meine Erklärung für meinen unbändigen Unternehmungsgeist. Heute soll es losgehen! Wir laden die bereits am Vorabend gepackten Reisetaschen auf einen großen, geländegängigen LKW mit zweireihigem Führerhaus, dessen Tarnbemalung Assoziationen an einen Armee-LKW schafft. Diesen LKW wird Lobsang auf der kompletten Tour bis zum Grenzort Zhangmu fahren. Die Mountainbikes

Bike-Aufbau in Yangda Town (Tenzing und Theo) – hinten fährt unser Kleinbus gerade durchs Portal

werden auf die Ladefläche eines Transporters, der uns nur bis Yangda Town (kurz vor Dechen Dzong) begleiten und danach nach Lhasa zurückfahren wird, verladen und fest verzurrt. Wir acht (mit Gyatso und Tenzing!) zwängen uns mitsamt unserer Rucksäcke in einen nagelneuen Minibus. Was uns verblüfft: Der Bus hat kein Nummernschild und keine sonstigen Kennzeichen – frappierend in einem Land, in dem vollständige Überwachung an der Tagesordnung ist.

Auf der Fahrt in nördlicher Richtung auf der G 109 nach Yangda Town erfahren wir gnadenlos und geballt die chinesische Militärpräsenz und Übermacht. Ständig fahren wir an langen Panzer- und LKW-Konvois vorbei, die Ketten rasseln, die Panzermotoren übertönen jedes sonstige Geräusch. Tenzing, Gyatso und Claude müssen immer wieder brüllen, um uns eindringlich zu ermahnen, ja nicht zu

fotografieren oder zu filmen – das könnte „Einbuchtung" nach sich ziehen. Wir passieren mehrere Checkpoints, wo Gyatso immer wieder unsere Pässe und das Sammel-Permit vorzeigen muss.

Yangda Town ist eigentlich nur ein Checkpoint und Rastplatz mit Garküche (Langzi Tea House) etwa 40 km nördlich von Lhasa. Dass wir einen Teil der ersten Bike-Etappe mit dem Kleinbus gefahren sind, hat sich angesichts des starken Verkehrs rund um Lhasa und vor allem angesichts der Militärkonvois als völlig richtig erwiesen. Wir steigen aus und schützen uns in der Garküche vor der Morgenkühle und dem Krach der immer noch rasselnden Ketten. Wir packen unsere Lunch-Pakete aus, bestellen Tee und drängen uns in eine Ecke des dunklen, aber warmen Raums. Wenig später treffen die beiden LKWs ein, und unsere Tibeter und Nepalesen setzen sich zu denen, die schon dort sitzen, löffeln Nudelsuppe mit Yakfleisch und unterhalten sich angeregt. Wahrscheinlich über uns ...

Theo setzt zum Dampfsurfen an

Wir laden die Bikes ab, und ich stelle mein Bike so in Richtung G 109, dass die auf dem Lenker montierte Helmkamera die Panzer filmen kann. Nach dem gemeinsamen Start per Mountainbike fahre ich als letzter der Gruppe, um sie immer wieder zu filmen. „Leider" kommen dabei auch immer wieder Panzer ins Bild, und ihr Motorengeräusch und Kettenrasseln übertönt immer noch alles andere. Das ist gefährlich, denn wir hören weder von hinten herannahende Fahrzeuge noch die Ansagen unseres Bike-Führers Tenzing.

Erst nach etwa 20 Minuten ist der Spuk für heute vorbei.

Im gleichen Tal wie die G 109 verläuft auch die Trasse der Peking-Lhasa-Bahn. In der Ferne sehen wir die langen, meist aus 16 Waggons bestehenden Züge mit jeweils zwei ziehenden Diesellokomotiven abwechselnd nach Norden (Golmud) oder Süden (Lhasa) fahren. Solch lange Züge gibt es bei uns schon seit der D-Zug-Zeit nicht mehr. Die hypermodernen Tunnels, Galerien und Brückenbauten werden durch Militärposten ständig bewacht. In den höher-

Im heißen Bad: Ralph, Lutz, Martin, Theo und Claude

gelegenen Streckenabschnitten mit Permafrostböden, die während der Sonneneinstrahlung durch Aufschmelzen und „Vermatschen" bedroht sind, sind mit Ammoniak gefüllte stählerne „Heatpipes" im Boden versenkt, um wie „Kühlschränke" den Bahndamm stabil zu halten. So sind theoretisch Höchstgeschwindigkeiten wie bei uns machbar. Praktisch sind – je nach Höhe (der Tanggula-Pass ist immerhin 5.072 m hoch!) – allerdings nur 100 km/h – 120 km/h möglich, da die Dieselmotoren ähnlich wie der menschliche Körper ihre Energie bekanntlich durch Oxidation beziehen. Und die ist ja – mangels Sauerstoffdruck – eingeschränkt. Deshalb auch zwei Diesellokomotiven.

Ich filme auch hier, und erst im Camp erfahre ich von meinen Mitfahrern, dass während jeder Aufnahme mit meiner Kamera eine LED neben dem Objektiv grün blinkt...

Es ist immer noch kühl, und wir fahren ohne Probleme leicht bergauf bis Dechen Dzong, dann biegen wir nach links in die S 304 ab.

Nach einer Brücke ist Schluss mit dem Asphalt. Die Nordroute nimmt ihren Anfang.

Die Gegend rund um das Kloster Yangpachen kurz hinter Dechen Dzong ist reich an geothermischer Energie, und schon von weitem sind kochende Fontänen, Geysire und eine riesige Dampfwolke über dem Ort zu sehen. Hier liegt das größte Erdwärme-Kraftwerk der Welt: Yangbajing. Yangbajing (18) ist geradezu überlebenswichtig für Lhasa und Osttibet im langen Winter, wenn die Wasserkraftwerke infolge der zugefrorenen Flüsse außer Betrieb sind.

Der Ort selber besteht nur aus zwei Häuserreihen. Unweit der Naturstraße posieren wir abwechselnd neben fauchenden Rohren und dampfenden Erdlöchern und fahren danach nur noch etwa 2 km leicht bergab bis zu unserem Camp, das die LKW-Mannschaft bereits fertig aufgebaut hat. Mit heißem Ananas-Saft in Metallbechern werden wir empfangen – jeden weiteren Wunsch liest man uns von den Augen ab. Bis hierher haben wir 37 km mit 400 hm zurückgelegt.

Wir beziehen unsere gelben „The-North-Face"-Einzelzelte, in denen schon bequeme Matratzen ausgerollt sind, und ruhen uns etwas aus, bevor wir mit dem kennzeichenlosen Minibus nach Yangbajing zurückfahren, wo Gyatso Eintrittskarten für das Thermalbad ersteht. Die heißen Quellen, die deutlich nach Schwefelwasserstoff riechen, sollen auf viele Krankheiten therapeutisch wirken. Es gibt ein überdachtes Hallenbad mit einem großen Schwimmbecken und mehreren kleinen, für meinen Geschmack zu heißen Becken und mehrere Außenbecken. Die heißen Quellen, bei denen die Temperatur zu hoch ist, müssen in zwei offenen Bassins herabgekühlt werden bevor sie zum Baden zur Verfügung stehen. Mit den schneebedeckten Bergen in der Ferne ist es ein richtiger Spaß, in die unterschiedlich heißen Außenbecken zu springen, zu baden und zu blödeln. Immer wieder schafft es einer von uns, ein paar andere, die sich gerade bei angenehm warmen Temperaturen im Becken stehend unterhalten, durch einen kühnen Sprung nass zu spritzen.

Nach gut einer Stunde Badespaß kehren wir zurück ins Camp,

essen im großen Essenszelt zu Abend, unterhalten uns noch etwas und gehen dann schlafen. Der Himmel ist mittlerweile sternenklar.

Königsetappe von Yangpachen nach Majang, 9. Tag und zweiter Bike-Tag

In der Nacht schlafe ich sehr unruhig und „alles" stört mich: Das unaufhörliche Bellen verwilderter Hunde in der Nähe, das Fauchen des Geothermie-Kraftwerks von Yangbajing, das Zirpen der Zelt-Reißverschlüsse, wenn einer meiner Mitfahrer mal „muss". Mein eigener Atem. Und das Schlimmste ist: Kaum bin ich für kurze Zeit

eingeschlafen, lässt mich die pure Atemnot wieder aufwachen und tief durchatmen. Und dabei sind wir erst auf 4.300 m! Ein gutes Frühstück und herrliches, klares Wetter entschädigen mich am Morgen.

Zum Fahren ist nun die „Zwiebelschalentechnik" angesagt: Hat es morgens bei der Abfahrt kaum mehr als null Grad, soll die Temperatur bis zum Nachmittag auf über 25 Grad ansteigen – da sind zwei oder drei Trikots übereinander, kurze und lange Handschuhe, eine Mütze sowie Überschuhe vernünftig. Sukzessive werden wir die zu warmen Sachen während des Tages ausziehen und in unseren Tagesrucksäcken verstauen.

Heute ist die Königsetappe: Wir werden das „Dach" das Tour, den Suge La auf über 5.350 m befahren und insgesamt 72 km bzw. 1130 Höhenmeter zurücklegen.

Zunächst fahren wir uns auf völlig ebener Piste etwas warm. Ohne es zu wollen, sind Ralph und ich ziemlich oft vorne. Da die anderen das Windschatten-Fahren nicht gewöhnt sind, lege ich die Angewohnheit, mich in Tempo und Spurwahl nach hinten zu orientieren, schnell ab. Da wir aber auch fotografieren und filmen, ändert sich die Reihenfolge der Gruppe ständig. Ich will mit meiner neuen „Helmkamera", die ich allerdings auf dem Lenker befestigt habe, wichtige Eindrücke von der Reise filmen. Und das bedeutet: Vorfahren und Gruppe von vorne oder aus einer Siedlung oder einem anderen Vordergrund heraus filmen. Zurückbleiben und Gruppe von hinten filmen. In der Gruppe fahren und Detaileindrücke filmen sowie Mini-Interviews führen. Wie am Vortag ist der „Militär-LKW" mit Lobsang, Galtso, Sujan und Ranzing zum Ort der Mittagsrast vorausgefahren, Gyatso und Tshering fahren mit dem Kleinbus immer etwa 5 km voraus und warten dann auf uns.

Langsam steigt die Piste an und wird etwas ruppiger. Links, etwa 5 m unter uns, ein rauschender Gebirgsbach.

Da! Etwas Rotes! – Das Rote entpuppt sich nach ein oder zwei Minuten als ein von der Straße abgekommener LKW, der auf dem Dach im Gebirgsbach liegt. Da sich ein Rad noch dreht, vermuten wir, dass sich der Unfall gerade eben ereignet haben muss, und richtig: Sein Fahrer versucht gerade, aus der etwas eingedrückten Fensteröffnung zu klettern. Wir klettern und hangeln uns am Fahrgestell des LKWs nach unten, um zu helfen. Wir ziehen ihn aus der Fensteröffnung, setzen ihn auf einem Stein ab, verbinden zwei blutende Wunden an der Stirn und am Unterarm (gebrochen ist offenbar nichts) und Tenzing, der tibetisch spricht, fragt ihn, ob schon Hilfe unterwegs sei. Obwohl der Mann dies bejaht und hinzufügt, wir könnten ruhig weiterfahren, warten wir noch auf Gyatso und Tshering, die wenig später mit dem Bus kommen. So können wir beruhigt weiterfahren.

Gyatso und Tshering warten jedoch auf die angekündigte Hilfe, um evtl. bei der Bergung von Mann und Material behilflich sein zu können.

Die Passstraße steigt kaum merklich, angesichts der Höhe aber kraftraubend an. In dieser Einöde bemerken wir zwei Kinder – ein

Suge La – das Dach der Tour

Junge mit vielleicht 12 und ein Mädchen mit vielleicht 6 Jahren, die am Straßenrand stehen und aufmerksam registrieren, was denn da für eigentümliche und lustige Leute die Straße mit eigentümlichen Geräten befahren. Genauso neugierig wie sie sind jedoch auch wir, und Tenzing fragt sie, was sie hier machen. Sie deuten auf ihre Steinschleudern, die hier „Slings" heißen. „Und wie funktioniert das?", will Tenzing wissen. Der Junge macht es vor: Er deutet auf einen Felsblock in gut 80 m Entfernung, lädt den aus Yakwolle gefertigten Beutel seiner Waffe mit einem kleinen Stein, wirbelt die Schleuder mehrmals über dem Kopf, lässt los und „pläng!" prallt der Stein von dem Felsblock ab. Gut getroffen! Jetzt wissen wir, wie einzelne Yaks und ganze Yak-Herden gezüchtigt und gelenkt werden.

Nach der Mittagsrast wird die Straße wieder etwas besser geschottert und etwas ebener, dafür aber steiler (19), und in der Ferne sieht man, wie sie sich in Serpentinen den Hang hinaufwindet. Der Pass! Ralph und ich sind wieder vorn und fahren etwa halb so schnell wie in der Heimat mit vielleicht 10 km/h, mit der halben Steigleistung pro Stunde und dafür erhöhter Pulsfrequenz den Berg hinauf. Immer, wenn man den Pass zu sehen glaubt, kommt eine weitere Serpentine. Könnte man aber auch so wissen, denn wir beide haben unsere Höhenmesser dabei. Endlich sind oben unzählige über die Straße und längs der Straße gespannte Gebetsfahnen zu sehen – das ist nun wirklich der Pass. Kurz vor der Passhöhe fahren wir genau nebeneinander, drücken uns die Hände und sind zuerst einmal stolz über das Erreichte. 5.350 m! Die letzten 400 Höhenmeter waren wirklich hart.

Wir steigen ab, umarmen und gratulieren uns, verschnaufen und vertreten uns die Beine. Wir stellen die Passüberquerung nach und fotografieren und filmen uns gegenseitig. Wir lassen uns gemeinsam von Autoinsassen fotografieren, die von der Gegenseite kommend den Pass per SUV überqueren und uns bewundern. So vergeht die Zeit, bis die anderen sukzessive auf der Passhöhe ankommen. Jeder, der oben ankommt, wird heftig gedrückt und zu diesem Erfolg beglückwünscht.

Claude holt eine in Kathmandu gekaufte Gebetsfahne aus dem Rucksack. Wir spannen sie über die Straße. Es ist ein erhebendes Gefühl.

Hier oben ist auch ein Mopedfahrer, der einen dicken Packen Kobresia-Stauden für seine Yaks gesammelt hat und diesen nun mühevoll auf dem Gepäckträger befestigt. Endlich hat er es geschafft. Er schwingt sich aufs unter dieser Last schwankende Moped und fährt, da es nicht anspringen will, im Leerlauf den Pass hinunter.

Nach etwa einer Stunde wird es uns kalt, wir ziehen die vorher abgelegten „Zwiebelschalen" wieder an und schwingen uns auf unsere Bikes. Es wird ein sagenhafter und vor allem langer Downhill. Vergessen ist all die Anstrengung vorher, wir zischen an dem Mopedfahrer vorbei und halten erst viele Kilometer später – der Höhenmesser zeigt 4.660 m, als als wir die gelben „The-North-Face"-Zelte auf einer Wiese kurz zwischen Majang und Tangdui Village sehen.

Wir drehen uns um: Regen, Schnee und Gewitter oben auf der Passhöhe. Da haben wir noch mal „Schwein" gehabt. Galtso, Sujan, Lobsang und Ranzing empfangen uns mit heißem Tee. Der passt jetzt genau.

Dongu La

Es gibt eine Steigerung: Hatte ich in der vorigen Nacht fast nicht geschlafen, so habe ich in dieser Nacht gar nicht geschlafen. Dazu diese Kälte! Die Zelte sind am Morgen mit einer dünnen Eisschicht bedeckt – auf der Wiese liegt Raureif. Ohne meinen in Kathmandu gekauften Innenschlafsack aus Fleece-Material wäre ich vermutlich erfroren. Eine Yak-Herde nähert sich und wird mit Hilfe von „Slings" ganz nah am Lager vorbei über die Straße, einen Hang hinunter und dann durch einen Gebirgsbach getrieben. Genügend Gelegenheiten für uns, die schönsten dieser bis zu einer Tonne schweren Tiere zu filmen und zu fotografieren. Die zwei Yak-Hirten fragen wir vorher vorsichtshalber nach einer Foto-Erlaubnis – sie kommen natürlich auch

Gyatso hilft und schiebt an

auf einige der Bilder und schauen sie sich gleich auf den Kamera-Displays neugierig an.

Yaks (weibliche Form: Dri) sind imposante – schön wäre übertrieben – Tiere. Verglichen mit unseren Rindern sind sie relativ lang – das kommt von den 1 – 2 Rippenpaaren mehr, die sie in der Brust haben. Dadurch hat die vergrößerte Lunge mehr Platz im Brustkorb, und genau das ist eine hervorragende Anpassung an die extreme Höhe, in der diese Tiere leben. Eine hervorragende Anpassung an die Höhe und die damit verbundene Kälte ist auch ihr dichtes, mehrschichtiges Fell. Der Buckel kommt von den verlängerten Dornfortsätzen der Wirbel – dadurch wirken sie auch relativ hoch. Meistens sind die Yaks als Milch- und Schlachtvieh auf der Weide – gelegentlich werden sie noch als Last- und Reittiere genutzt.

Für die Tibeter, aber auch für die Bewohner der Mongolei oder Süd-Sibiriens liefern die genügsamen Yaks alles, was sie zum Leben brauchen: Sie liefern Milch, Fleisch, Leder, Haar und Wolle. Ihr Kot dient als meistens einziges Brennmaterial und wird zum Zeichen des Wohlstands auf den Hofmauern der Bauernhöfe aufgestapelt und dort getrocknet.

Bei herrlichem Wetter fahren wir mit unseren Bikes zum Dongu La auf 4.894 m. Die Auffahrt gestaltet sich technisch und von unseren Fähigkeiten her wie die Fahrt zum Suge La tags zuvor. Und schon wieder machen wir Bekanntschaft mit jungen Tibetern. Diesmal ist es eine ausgesprochen hübsche, junge Tibeterin in Landestracht (bodenlanges, braunes Kleid, darüber eine lange Schürze, die mit drei nebeneinander liegenden senkrecht angeordneten Reihen aus braunen, weißen und beigen Streifen unterschiedlicher Breite dekoriert ist, und eine Wollweste) mit Perlenkette, Holzperlenkette, Handgelenks- und Ohrschmuck sowie Armbanduhr. Sie hat einen knapp einjährigen Säugling auf dem Arm; ein etwa 6-jähriger Junge schmiegt sich scheu an die Schürze der Mutter. Der 6-Jährige trägt bunte Kleidung mit Kindermotiven und Gummistiefel – von der Kleidung her könnte genauso in Stuttgart leben wie auf einem Bauernhof am Dongu La. So, wie sie auftritt, ist sie die junge Frau eines wohlhabenden Bauern. Alle drei mustern uns ausgiebig und freundlich, sprechen

Theo ist noch ganz frisch!

Die Erdkrume ist in dieser Höhe dünn und verletzlich

Suonen am Wuyuma Qu

aber kein Wort. Nicht einmal, als wir Riegel und Obst herausziehen und die drei beschenken. Nicht einmal, als sich Tenzing nach ihren Namen erkundigt und sie so aus der Reserve locken will.

Oben warten Ralph und ich wieder auf Katrin und die vier anderen Biker.

Claude muss sich richtig abmühen mit seinem Yak. Ein Gerät, das er selbst fast verehrt und in seinen Büchern als DAS Velo beschrieben hat – in meinen Augen ist es ein Göppel (das ist wie „Velo" auch alemannisch). Stabil und nicht kaputtzukriegen, vielleicht. Schön? –

Na ja. Leicht? – Leichter als ein chinesischer Panzer. Schnell? – Schneller als ein Schweizer Militärfahrrad. Im Gegensatz dazu fahren einige von uns mit richtig teuren High-End-Maschinen – leicht, schnell, edel aussehend, voll gefedert und trotzdem stabil und vor allem teuer. Ich selbst bewege mich mit meinem „Simplon gravity"-Hardtail da eher in der Mittelklasse ...

Claude und Ralph spannen wieder eine Gebetsfahne auf der Passhöhe quer über die Straße und wieder steigen ein paar Chinesen aus ihren SUVs aus, um uns verrückte Biker nach einem Smalltalk von allen Seiten zu fotografieren.

Wir sausen hinunter ins Tal und fahren auf halber Höhe in ein Nebental. Auf der S 304 Provincial Road fahren wir an Oyuk vorbei bis etwa 10 Kilometer vor dem Tsangpo (tibetischer Name für den Brahmaputra), etwa bis Numa Town. Die Zelte stehen unterhalb der Straße zwischen einem verlassenen Schuppen und einem Gerstenfeld.

Unsere LKW-Mannschaft empfängt uns wie an jedem Nachmittag mit heißem Tee oder heißem Ananassaft, und wir lassen es uns erst mal gut gehen. „Wir sollten mal unsere Klamotten waschen", kommt uns in den Sinn, als wir das Rauschen des Wuyuma Qu nur etwa 200 m entfernt hören. Einer nach dem anderen kämpft sich durch das Gerstenfeld, durch Gestrüpp und über natürliche Hangterrassen bis zum Fluss. Den Zugang ins Wasser muss man sich dann echt erarbeiten, denn das Flussufer ist steil und von fast undurchdringlichem Gestrüpp und nie gerodeten Bäumen gesäumt. Wir holen uns etliche Kratzer an Waden und Armen. Das Wasser ist dann „sooooo" kalt, aber erfrischend und kristallklar. Nachdem wir ausgiebig geblödelt haben und schon fast blau gefroren sind, geht's ans Waschen und Zähneputzen sowie ans Wäschewaschen.

Als fast „vollkommen neue Menschen" steigen wir hinauf ins Camp. Wir müssen aufpassen, dass wir auf dem beschwerlichen Weg zurück nicht über Wurzeln oder Bodenwellen stolpern und mitsamt der gewaschenen Kleidung in den Ackerdreck fallen. Wir ziehen unsere Campingmatratzen aus den Zelten und dösen noch in der Sonne, bis Ranzing zum Abendessen ruft.

Auch der kleine Junge braucht keine Windeln mehr ...

Wir haben heute 75 km bei 683 Höhenmetern zurückgelegt. Das Camp liegt „nur" auf 4.100 m. Das lässt auf besseren Schlaf als gestern hoffen.

Nach Shigatse!

Falsch gedacht und kaum geschlafen! Nach einem wie immer reichhaltigen Frühstück fahren wir zunächst auf der Naturstraße S 304, vorbei an pittoresken Dörfern und einsamen Gehöften, vor denen Kinder im Vorschulalter herumtollen und dann wie angewurzelt stehenbleiben, als sie uns bemerken. Anders als in Nepal ist Betteln nicht gebräuchlich, sie stehen nur da, manchmal Hand in

Hinab zum Yarlung Tsangpo!

Hand und beobachten furchtlos jede unserer Gesten. Wir geben ihnen ein paar Energieriegel und jedem eine PET-Saftflasche – sie nehmen diese Gaben beinahe teilnahmslos an, halten sie ungelenk in den Händen und beobachten uns weiter.

Und wieder sind viele Yaks rechts und links auf den Weiden zu sehen, und bei den imposantesten Tieren müssen wir einfach anhalten und fotografieren.

Wir kommen immer wieder an kleinen Gehöften vorbei, die fast wie ausgestorben erscheinen. Die Männer sind vermutlich auf dem Feld oder sonstwie bei der Arbeit (wobei es hier kaum Arbeitgeber gibt), die Frauen mit ihren Kindern scheinen von weitem gesehen oder gehört zu haben, dass eine Gruppe europäischer Biker auf dem Weg ist: Sie stehen mit all ihren Kindern an der Straße oder vor dem

Haus, um uns neugierig zu beobachten. Interessant ist die Kleidung der Kleinkinder: Auf den ersten Blick wäre sie durchaus mit der Kleidung der Kleinkinder bei uns zu vergleichen. Doch schon auf den zweiten Blick erkennt man, dass die schicken Cord- und Jeanshosen der Kleinen im Schrittbereich offen sind, die Kinder also „untenherum" völlig nackt sind. Doch was sollten die Mütter auch mit Wegwerf-Windeln in einer Gegend anfangen, in der es keine Müllabfuhr gibt?

Wenig später geht's durch eine von Kieshalden – ähnlich dem Nagelfluh in Süddeutschland – gesäumte Schlucht hinunter, und plötzlich stehen wir vor der Brücke über den Yarlung Tsangpo (Brahmaputra). Hier endet die Naturstraße der „Nordroute" vorerst. Wir halten an, entstauben und ölen unsere Ketten, packen die warmen

Sympatex-Jacken in unsere Rucksäcke und erhöhen den Luftdruck in unseren Stollenreifen. Für die Asphaltpiste, die jetzt kommt und uns – biketechnisch gesehen – ein paar langweilige Tage bescheren wird …

Nach der Brücke kommt die Ortschaft Trakdruka und der zentralen Friendship Highway (G 318), der uns mit viel Verkehr und Lärm aufwartet. Etwa 500 m neben dem Highway und etwas oberhalb: Die nagelneue Trasse der Lhasa-Shigatse-Verlängerung der weiter vorn beschriebenen Bahnlinie mit vielen Tunneln.

Die Fahrt auf dem Friendship Highway gestaltet sich langweilig. Landschaftliche Höhepunkte sind die Farbspiele der meist nackten Berge in allen möglichen Grau-, Braun- und Grüntönen, gelegentliche Pappelhaine im trägen Wasser des Tsangpo und die scheinbar stür-

misch am tiefblauen Himmel ziehenden Wolkenformationen. Ich höre gerade Musik vom Handy, als ein Knall den brummenden Verkehrslärm durchdringt: Tenzing hat einen Reifenplatzer und macht fast einen filmreifen „Abgang". Da ich zufällig wenige Sekunden vorher meine auf dem Lenker montierte Helmkamera eingeschaltet habe, hoffe ich auf eine grandiose Szene. Doch leider ist eine solche Kamera durch ihr Fixfokus-Objektiv extrem weitwinklig und relativiert dadurch jedes Detail. Schade.

Wenig später sehen wir in einer Dorfdurchfahrt den ersten chinesischen Polizisten, der mit einem Handradargerät die Geschwindigkeit misst. Beim Näherkommen bemerken wir, dass er eine hölzerne Attrappe ist.

Zu Mittag essen wir auf einem Stück Brachland zwischen dem Rollfeld des „Xigaze Heping Peace Airport" und dem Highway. Galtso,

Sujan, Lobsang und Ranzing haben wie immer eine große, blaue Plane aus einem PVC-artigen Material ausgebreitet. Wir setzen uns – meist im Schneidersitz – auf den Randbereich der Plane und genießen die Köstlichkeiten, die uns von unserer rollenden Küche dargeboten werden. Martin und Ralph legen ihre Solar-Ladegeräte in richtiger Position zur Sonne auf einen Erdhaufen, um ihre Handys und Navigationsgeräte aufzuladen – ich hänge meine Elektrik an einen Thumbox-Powerpack.

Bis Shigatse (Xigaze) sind es nur noch wenige Kilometer, und ich hetze, mit Martin und Theo im Schlepptau, in Richtung Ziel.

Kurz vor Shigatse ist schon wieder ein Polizeiposten, der uns aber passieren lässt (Gyatso hat immer noch Pässe und Sammel-Permit bei sich), und ein Hügel, der Martin das Letzte abverlangt. Nach der Abfahrt auf der anderen Seite staut sich der Verkehr doch wir kommen als Biker problemlos an den wartenden Fahrzeugen vorbei. Ursache des Staus ist die abgebrochene Brücke über den Nyang Qu, die durch eine einspurige stählerne Behelfsbrücke ersetzt wurde. Den Einbahnverkehr, einmal in die eine, dann in die andere Richtung, regeln zwei Polizisten. Auf der anderen Seite der Behelfsbrücke fragen wir einen Passanten nach unserem Hotel. Wir kennen zwar den Namen unseres Hotels in Shigatse, nicht aber die Adresse. Er versteht aber kein Englisch, oder will uns nicht verstehen und läuft weiter. Wir fragen den Polizisten, der den Einbahnverkehr auf dieser Seite regelt. Der zuckt nur die Schultern. Also müssen wir auf den Rest der Gruppe warten. Nichts wird's mit „Erster im Hotel sein". Tief unten schiebt sich der dreckige, von Betonmauern eingefasste Nyang Qu, ein Nebenfluss des Tsangpo, durch sein Sandbett. Da angelt doch tatsächlich jemand!

Nach zwei weiteren Radpannen und einem „Tee unterwegs" trifft nach knapp einer Stunde der Rest des Trosses ein. Zum Shigatse Manasarovar Hotel sind es noch 500 – 600 m. Die schaffen wir alle spielend.

Shigatse – zweitgrösste Stadt Tibets zwischen Tradition und Moderne

Für tibetische Augen, die Radfahrer höchstens als ländliche Transporteure von Feldfrüchten oder als Rikschafahrer kennen, fahren wir in einer beeindruckenden 7er-Formation auf der breiten Qingdao Dong Lu an stalinistisch-wuchtig anmutenden Häuserkomplexen vorbei. Durch eine von Securities bewachte Öffnung in der mit Leuchtreklame besetzten und beeindruckenden Fassade gelangen wir in den Innenhof des Shigatse Manasarovar Hotels. Wir werden mit beifälligem Klatschen und dem traditionellen Khatag (10) vom Hotelpersonal empfangen. Während wir danach die Mountainbikes im Hinterhof versorgen, kümmern sich Gyatso und Claude ums Einchecken an der

mondänen Rezeption. Ich werde wieder das Zimmer mit Ralph teilen.

In der Lobby (nicht auf den Zimmern!) gibt es WiFi, und so erledige ich erst einmal E-Mail- und WhatsApp-Aufgaben. Danach sind Gyatso und Claude immer noch nicht fertig, und ich gehe einem menschlichen Bedürfnis nach und suche das WC: Hinter einem schweren Vorhang geht's in den Hinterhof, wo auch schon unser LKW geparkt ist. Auf der gegenüberliegenden Seite des Hinterhofs treffe ich auf eine Reihe von Aborten – im chinesischen Stil! Das heißt: Ein etwas verpilzt und versifft anmutender Raum für fünf oder sechs Abort-Besucher; niedrige Mäuerchen zwischen den einzelnen Zellen, die kaum Intimität, aber dafür um so mehr Gesprächs- und Geruchsgelegenheiten bieten, in der Mitte der Zelle ein „French Squatter" (das Wort Stehklo wäre zu profan für das, was hier alles geboten wird) mit so wenig Wasser zum Nachspülen, dass …

Das Manasarovar hat offensichtlich wegen des fehlenden Lifts nur 3 Sterne. Wahrscheinlich für tibetische Verhältnisse, denn auf den Zimmern fehlt es dann an Einigem: Zwar sind die Sanitärbereiche edel mit einer riesigen Glaswand vom Rest des Zimmers abgetrennt, jedoch stinkt es gleich beim Betreten des Zimmers deutlich nach Abwasser. Schnell finden wir die Ursache: Die Abflüsse von Dusche und Waschbecken haben keine Siphons, und aus den Fallrohren stinkt es erbärmlich. Die Abhilfe ist einfach: Beim Waschbecken versenken wir den Stopfen, bei der Dusche ersetzen wir den fehlenden Stopfen durch einen feuchten Knäuel Toilettenpapier. Der Teppichboden ist völlig verfleckt und ungepflegt, so dass wir aufs Barfuß-Laufen verzichten. Die Steckdosen hängen locker aus der Wand, doch auch hier ist die gebotene Vorsicht einfach: Unsere Ladegeräte müssen nur vorsichtig und bei viel Licht in die Steckdose eingesteckt werden! Möglicherweise wegen der nicht in allen Zimmern funktionierenden Heizung haben die Betten jeweils schwere Bettdecken und mehrere Kissen, von denen ich gleich einen Teil „entsorge". Die Klimaanlage scheint zu funktionieren. Wie mag das nur im Winter sein?

Ratten wie im Reiseportal „Tripadvisor" beschrieben haben wir keine gesehen ...

Nach dem Duschen und Einräumen der Schränke – wir bleiben zwei Nächte hier! – treffen wir uns in der Lobby. Es gibt Schwierigkeiten. Claude berichtet, dass uns das Hotel kein Abendessen bieten will – BAT Zürich hat offensichtlich nur Übernachtung mit Frühstück gebucht. Wir bestehen aber auf Halbpension, denn so steht's schließlich in der Reisebeschreibung. Nach einigem Hin und Her bekommen wir kulanzhalber ein freies Abendessen – das Abendessen von morgen muss Claude aber bezahlen. Er wird sich das Geld von BAT zurückerstatten lassen.

Beim Abendessen geht es chaotisch zu: Wir müssen im Restaurant Sitzplätze zwischen Horden chinesischer und französischer Bustouristen ergattern und diese vom Sitznachbarn verteidigen lassen, wenn wir mal Nachschlag vom Büffet holen wollen. Alles in allem aber schmackhaft und OK.

Am Abend spazieren wir durch die lichtergeschmückte Innenstadt. Vor einem Einkaufszentrum sind armselige Bäumchen eingepflanzt (wir sind immerhin auf 3.820 m, und da wächst nicht mehr alles), die von rosafarbenen LED-Lichterketten angestrahlt werden und eine fast vorweihnachtliche Atmosphäre verbreiten. Im buddhistischen Tibet. Ich fotografiere das Arrangement, um es sogleich per WhatsApp an Evi zu schicken. Evi mag „Lämpchen" ...

Der Schaufensterbummel dient eher einem Preisvergleich mit Mitteleuropa als einem echten Interesse: Klamotten sind hier zumindest gleich teuer wie bei uns.

Auf dem Rückweg ins Hotel kommen wir, ohne es zu wollen, an Shigatses Rotlichtviertel vorbei. Hier stehen Frauen unterschiedlicher Rassen scheinbar gelangweilt in den Hauseingängen, und einige „abgetakelte Fregatten" sehen ins uns „Langnasen" zahlungskräftige Kundschaft. Wir machen, dass wir fortkommen ...

In der Nacht schlafen wir herrlich in den weichen Polsterbetten und stehen – auch wegen des Schlafmangels der vergangenen Nächte – entsprechend spät auf. Um 9 Uhr ist im Frühstücksraum fast nichts mehr

Shigatse

zu bekommen (angeblich wurde später wieder etwas hergerichtet), und wir haben einen etwas hungrigen und freien Vormittag vor uns.

Da mein HAC4-Radcomputer immer noch nicht funktioniert, kaufe ich eine neue „Lady-Batterie" für den Sender, (der daraufhin trotzdem nicht funktioniert) und AA-Monozellen für die Digitalkamera. Auch nach Jeans suche ich, doch auch hier gibt's entweder 34 oder 36 und nichts dazwischen. Es gibt offensichtlich keine schlanken, großgewachsenen Chinesen. Daneben beobachte ich das Treiben in der Stadt: Ein rotgewandeter Mönch steigt aus einem Taxi, ein anderer läuft mit Einkaufstüte durch ein Einkaufszentrum. Noch ein anderer telefoniert aufgeregt mit seinem Handy. Keine Spur von übersinnlicher Entrücktheit. Ob das nur etwas für die „normalen" Gläubigen ist?

Am Radler-Denkmal von Shigatse

Ich besichtige den Empfangsbereich des Gesar-Hotels, eines nun wirklichen 4-Sterne-Hotels im Zentrum und gönne mir einen Tee in einem Straßencafé. Um 13 Uhr treffen wir uns vor unserem Shigatse Manasarovar Hotel, um in einer kleinen Garküche gleich nebenan gemeinsam Mittag zu essen. Danach fahren wir unter der Führung von Tshering und Gyatso mit unserem weißen und schon wieder tadellos sauberen Minibus zur Klosteranlage Tashi Lhunpo (auch: Trashilhünpo), dem Sitz des Penchen Lama (20). Er wurde am Anfang des 20. Jahrhunderts von vielen Tibetern als oberster Herrscher Tibets im weltlichen wie im geistlichen Sinne betrachtet.

In einem Park am Eingang steht ein Radler-Denkmal, das wir natürlich eingehend inspizieren und von allen Seiten fotografieren – mit und ohne darauf herumturnende tibetische Mädchen.

In der Klosteranlage gibt es – man ahnt es schon – Statuen der verschiedenen Penchen Lamas vom ersten bis zum zehnten und von ungezählten Buddhas (13). Die Statue des „aktuellen" 11. und im Moment 24-jährigen Penchen Lama fehlt (20). In der größten der Hallen, der Maitreya-Halle, befindet sich die 26 m hohe Statue eines sitzenden Buddhas aus 250 kg Gold und Bronze, dekoriert mit Edelsteinen und Korallen. Der Buddha ist der zweitgrößte Buddha dieser Art auf der Welt nach dem Daibutsu in Nara/Japan. Die meisten Buddhas zeigen mit ihren Händen die Gebetsgeste Namarska oder die Argumentationsgeste Vitarka.

Einige Stupas in der Halle der Grabstupas enthalten sterbliche Überreste früherer Penchen Lamas sowie andere Reliquien. Der Stupa des 10., erst 1989 verstorbenen Penchen Lama, ist mit 614 kg Gold, 868 wertvollen Steinen und fast einer Viertelmillion Juwelen geschmückt. Damit ist er das wertvollste Grabmal Chinas. Neben noch zahlreichen anderen Statuen beherbergt das Kloster auch zahlreiche meisterliche buddhistische Wandmalereien. So machen wir uns immer mehr vertraut mit dem buddhistischen Glauben, mit Namen und Vita buddhistischer Würdenträger.

Im Halbdunkel der Hallen geben buddhistische Pilger mitgebrachte Yakbutter in die kupfernen Kerzenschalen. Die flackernden Butterkerzen tauchen die Klosterräume in ein geheimnisvolles Halbdunkel.

Als wir die Klosteranlage verlassen, ist Tshering längst weg mit dem Bus, und wir schlendern zunächst einmal durch den Markt gleich daneben. Hier gibt es Hand-Gebetsmühlen in jeder Größe und Qualität, Gebetsfahnen in jeder Größe, Buddhas aus Stein, Holz, Messing und Kunststoff, Schmuck, billige Uhren, Thankas, Klangschalen, Essgeschirr- und Besteck, Flöten mitsamt Noten, Gewürze und vieles mehr. Wir schauen uns noch einmal das Radlerdenkmal an und trinken in einem nahen Straßencafé je nach Gusto einen Jasmin- oder Milchtee.

Zu Abend essen wir in einem Restaurant in der Qingdao Dong Lu – ganz in der Nähe unseres Hotels. Alles ist gut, nur kommt mein bestelltes Yak-Curry erst dann, als die anderen schon gegessen haben

Glücksspiel beim Markt

und so langsam an Aufbruch denken. Ich lasse es wieder zurückgehen. Denn wer will sich schon ständig auf den Teller starren lassen ...

Auf dem Friendship Highway bis Kilometer 5.000

Am Abend hatte ich noch Mails per WiFi in der Lobby gecheckt und bin dann schlafen gegangen. Ralph und ich hatten erneut richtig gut geschlafen.

Wir fahren leicht aufwärts durch eine Vorstadt, die wie bei uns anscheinend nur Baumärkte, Möbelgeschäfte und mittelständische Betriebe aus der Baubranche kennt, dann kommen ein paar Großbetriebe links oder rechts der Straße, dann wird es wieder eintönig. Der schnellstraßenähnliche und damit langweilige Friendship Highway in Richtung Westen hat uns wieder. Dabei überqueren wir den Tra La auf 4.650 m Meereshöhe. Irgendwann am Nachmittag – nach der obligatorischen Teepause – ergibt es sich, dass Martin und ich ein paar Minuten vor den übrigen sind. Jetzt will es Martin wissen: Trotz einer Reifenpanne – ich habe einen Dorn im Schlauch und muss einen neuen Schlauch einlegen – sind wir etwa 20 Minuten vor den anderen Fünf im Camp, das genaugenommen bei Kilometer 4.997 (die Angabe bedeutet 4.997 km von Shanghai entfernt) liegt, etwa bei Jungbe oder Quxia im Lhaze County. Und es entsteht eine äußerst interessante Unterhaltung.

Wie man in grosser Höhe schlafen kann

Martin: „Geht es mittlerweile etwas besser mit dem Schlafen?"
Ich: „Jetzt schon, aber mir graut's schon wieder vor den kalten Näch-

ten in großer Höhe. Immer, wenn wir so auf 5.000 m oder höher waren, ging's gar nicht mehr."

Martin: „Weißt du, was mir erst jetzt eingefallen ist? Dass ich da mal von einer Studie gelesen habe (er meint die Studie der deutschen Hochdruckliga), dass Musik Einfluss aufs vegetative Nervensystem und damit auch auf die Atemfrequenz hat. Dann müsste sich doch beruhigende Musik – z.B. Klassik – positiv auswirken. Du hast doch Musik auf deinem Handy?"

Ich: „Ja klar, sogar jede Menge Klassik. Und du meinst wirklich ...?"

Martin: „Schaden kann's jedenfalls nicht. ICH werde es in JEDEM Fall ausprobieren."

Ich: „Da bin ich aber gespannt!"

So oder so ähnlich erinnere ich unsere Unterhaltung, und Monate später recherchiere ich im Internet. Ich lese auf der Homepage der „Deutschen Gesellschaft für Hypertonie und Prävention":

„Johann Sebastian Bach senkt den Blutdruck" (Pressemeldung 2013)

... Manche Musik ist geeignet, die Herzfrequenz und den Blutdruck zu senken, die Atmung zu beruhigen und Stresshormone zu reduzieren ... Es kommt zu emotionalen und hormonellen Veränderungen ... Nicht nur die Gemütslage kann sich positiv oder negativ verändern ... Klassische Musik besitzt die stärkste Heilkraft und wird in der Musiktherapie am häufigsten eingesetzt ...

Nur: WENN es so wie beschrieben wäre, dann müsste ja die Atmung NOCH weiter heruntergefahren werden, was genau gegenteiligen Effekt hätte. Nämlich, dass dann die Sauerstoffversorgung noch schlechter wäre. Andererseits steht da, die Atmung würde beruhigt, und das wiederum könnte heißen, dass die „Schnappatmung", die beim Einschlafen entsteht, wenn der Körper den Sauerstoffmangel registriert, gar nicht erst einsetzt. Wie auch immer:

Es funktioniert!

Die erste Zeltnacht nach Shigatse wird also eine sehr angenehme. Mein Handy ist voll aufgeladen, ich wähle die App „Audio-Player" und die Datei „1. Violinkonzert von Beethoven", stopfe mir die Ohrhörer in die Ohren und lege mich zunächst in meinen beiden Schlafsäcken auf den Rücken. Es ist stockdunkel – das Sternenlicht vermag die Zeltplane meiner gelben „The-North-Face"-Behausung nicht zu durchdringen. Und es ist kalt. Genaugenommen saukalt – und das Mitte September. Aber ich befinde mich ja auch auf knapp 4.350 m Höhe mitten in der Pampa und mitten in Tibet. Ich rolle mich in Seitenlage, kuschle mich noch tiefer ins Innere meines Faserpelz-Innenschlafsacks. So wird mir wieder etwas wärmer, und ich beginne die Klänge der Violine richtig zu genießen. Und dann schlafe ich ein.

Ich muss zwar wie immer zwei bis dreimal raus aus dem Schlafsack, um die „Nachbarwiese zu gießen" – beim ersten Mal entferne ich die etwas verwurstelten Ohrhörer – ansonsten geht's mir aber ausgezeichnet. Trotz streitender Hunde und „ständigem" Zirpen der Zelt-Reißverschlüsse, wenn einer der Mitfahrer auch mal raus muss ...

Die Nächte darauf erinnern mich an die Experimente mit dem „Pawlow'schen Hund" (21): Noch zwei Nächte Musik hören bis zum Einschlafen, im Unterbewusstsein weiter hören und Ohrhörer nach dem ersten Toilettengang weglassen, dann zwanzig Minuten Musik hören und Ohrhörer vor dem Einschlafen versorgen, dann nur einen Satz einer Sinfonie oder eines Konzertes hören und am Schluss die Musik wieder weglassen. Auch das funktioniert und müsste ich nicht befürchten, dass das Ganze eine sehr subjektive und in keiner Weise generalisierbare Wahrnehmung ist, so würde ich den Musiktrick zum Titel von Himalaya-Bilderabenden machen und Geld damit verdienen.

Am nächsten Morgen frage ich Martin. Auch er hat zum ersten Mal eine Zeltnacht schlafend genossen.

Nach meiner Rückkehr nach Friedrichshafen erzählt mir ein Vereinskollege, er hätte bei seiner Wandertour zum Kailash (der heilige Berg der Tibeter mit 6.638 m Höhe) ein paar Jahre zuvor genau dasselbe Problem gehabt. Nur hätten er und seine Wanderkollegen dann im Sitzen geschlafen ...

Nach Chushar!

Wie jeden Morgen bringt Sujan eine Blechschüssel mit warmem Wasser für die Morgentoilette im Zelt und heißen Ananassaft oder Tee. Damit die eisige Kälte nicht hereinkommt, verschließe ich noch einmal alle Öffnungen des Zeltes – auch die obere, die während der Nacht für entweichendes Kondenswasser offen geblieben war. Nun bin ich vollends wach, stülpe die beiden Schlafsäcke zum Auslüften um, räume etwas auf und packe provisorisch schon mal meine Sporttasche. Dann wasche ich mich, putze mir die Zähne und ziehe frische Bike-Klamotten an. Derartig gegen die morgendliche Kälte gewappnet, kann ich den Reißverschluss wieder öffnen und den Kopf an diesem Morgen zum zweiten Mal (das erste Mal war für den Empfang von Waschwasser und Saft) aus der Zeltöffnung recken. Es sind wieder ein paar Yaks ganz in der Nähe des Camps, und eine Viehhirtin mit Sling bewacht die Tiere. Ich muss „dringend" noch ein paar Yak-Fotos machen und schaue, dass ich aus dem Zelt komme. Doch offensichtlich beobachten uns die Tiere sehr genau und mögen keine schnellen Bewegungen – sie trotten ganz gemächlich von dannen, und der Viehhirtin scheint's auch recht zu sein.

Bevor es los geht, müssen wir – wie jeden Tag mehrmals – unsere Haut und vor allem unsere Lippen vor der gnadenlosen Sonne schützen. Wir cremen uns dick mit Sonnenmilch „Lichtschutzfaktor 50+" ein und tragen auf unsere Lippen mehrere Lagen Sonnenschutz-Lippenstift auf, bis wir aussehen, als seien zumindest unsere Gesichter in den Milchtopf getunkt worden. Trotz der bereits hoch am Himmel stehenden Sonne am wolkenlosen, tiefblauen Himmel ist es noch recht kalt. So fahren durch dicke Fleece-oder Sympatex-Jacken geschützt los, ziehen dünne, aber wärmende Buff-Tücher über Hals und Kopf, verstauen die kurzen Radhandschuhe im Tagesrucksack, um zunächst die langen zu benutzen. Dann geht es weiter in Richtung Südwesten auf dem immer noch schnellstraßenähnlichen Friendship Highway.

Heute wollen wir über den Zuola La, der auf 4.500 m liegt, in Richtung Chushar und weiter bis zum Fuß des Lhakpa La fahren. Der Zuola La liegt von weitem gut sichtbar auf einer Wetterscheide, die Straße zieht sich in vielen Serpentinen gemächlich hinauf. Hier hat die Straße keine Leitplanken, sondern alle zehn Meter schwarz-weiß bemalte Granitblöcke als Straßenrand. Man kann ihre Linie fast bis zur Passhöhe verfolgen.

Da es noch früh am Morgen ist hält sich der LKW-Verkehr in Grenzen. Allerdings fahren viele Busse und SUVs hinauf. Und heute sind da auch sechs Radfahrer, die jeden vorbeifahrenden Touristenbus in Schieflage bringen, da fast alle darin sitzenden Chinesen sich an die rechts liegenden Fenster drängen, ihre Nasen an den Scheiben plattdrücken, gaffen, staunen, fotografieren.

Bald bin ich auf der Passhöhe, stelle mein Bike ab und sehe, dass die Gruppe noch weit unten ist. Hinter dem Parkplatz führt ein kleiner Weg etwa 100 Höhenmeter hinauf zu einem kleinen Aussichtspunkt, der mit Sendemast, Solarzellen und Notstromaggregat bestückt ist. Hier oben hat man einen phantastischen Rundblick, und erstmals tauchen auch die großen „Achttausender" in der Ferne auf.

Welcher davon mag wohl der Mt. Everest sein? Ich bin noch weit davon entfernt, sein Profil aus vielen anderen herauszulesen.

Ich steige wieder von dem Aussichtspunkt herab, um die anderen mit großem Hallo zu empfangen. Wie bei den meisten anderen Pässen zeigt eine stählerne Schilderbrücke mit Werbung, sowie dem Passnamen und der Passhöhe in chinesischen und tibetischen Schriftzeichen den höchsten Punkt an, und wie bei allen Pässen in Tibet sind zwischen linker und rechter Straßenseite unzählige bunte Gebetsfahnen gespannt, die die Gebete der gläubigen Tibeter dem Himmel zutragen sollen. Die fünf Farben Rot, Grün, Gelb, Weiß und Blau der einzelnen Wimpel stehen für die vier Elemente Feuer, Wasser, Erde und Luft sowie für die Leere des Raums – zusätzlich sind auf weiße Wimpel Mantras wie „Om mani padme hum" aufgedruckt, die Glück bringen sollen. Yakman hat noch einen ansehnlichen Vorrat an Gebetsfahnen in seinem Rucksack, und ich helfe ihm gemeinsam mit Ralph und Tenzing, eine davon auf Höhe der Schilderbrücke über die

Yak-Dung oder Lehm?

Passhöhe zu spannen. Der Minibus ist auch schon da, und so können wir, nachdem wir unsere Trinkflaschen aufgefüllt und etwas Winddichtes übergezogen haben, hinunter ins nächste Tal brausen.

Was für eine Abfahrt! Es waren zwar nur 470 Höhenmeter hinauf, und ungefähr ebenso viele dürften es auch vermutlich auch hinunter sein, aber die mittlerweile herbstlich warme Luft und der hervorragende Straßenbelag tun ihr Übriges, damit wir unsere Scheibenbremsen „schonen" und etwa gleich schnell wie die Autos hinunterdonnern.

Ein malerisch angelegtes Dorf bremst uns. Hier ein Haufen zum Trocknen gestapelter Lehmziegel, dort ein Haufen gestapelter Yak-Dung-Ziegel, hier ein Gerstenfeld mit goldgelber und reifer Gerste, dort eine Bauernfamilie, die mit Sichel oder Sense die Gerstenhalme schneidet, zu Garben zusammenstellt und später mit dem Traktor

zum Bauernhof bringt. Andere Bauern sind mit der Ernte bereits fertig und stehen geschäftig an stationären dieselbetriebenen Dreschmaschinen, die mit ohrenbetäubendem Lärm die Körner aus den Spelzen und Ähren schlagen. Wieder andere Bauern werfen das Spreu-und Körnergemisch mit Hilfe einer Worfel oder einer engzinkigen Heugabel in die Luft: Sie windsichten, das heißt, der Wind trägt die leichte Spreu fort, und die Körner fallen nah auf den Boden.

Ein weiteres Dorf ist weniger malerisch angelegt: Mitten durch eine Ansammlung von etwa 30 der typisch zweistöckigen Lehmhäuser mit Hofmauer und getrockneten Yak-Dung-Ziegeln wurde schnurgerade die neue Trasse des Friendship Highway angelegt. Die Straße liegt etwa drei Meter höher als das Dorf, und es gibt nur eine steile Zufahrt auf beiden Seiten. Das Dorf ist komplett zerschnitten. Wir

Martin wäscht sein Bike

halten oben an, um zu rasten, und um uns über diese straßenbautechnische Unmöglichkeit zu ärgern. Unten, im Schatten eines der Häuser, spielen Kinder, plaudern alte Frauen in tibetischer Tracht beim Chiya. Eine junge Mutter schaukelt ihr Kind in einem modernen Kinderwagen in der Nähe der Alten, um vom Gespräch ein bisschen mitzubekommen. Männer sehen wir nicht.

Nachdem wir ein bisschen zugeschaut und – mit Erlaubnis – auch fotografiert haben, fahren wir weiter ins nahe Chushar, wo wir uns ebenfalls einen Chiya (Milchtee) genehmigen. Ich zeige mich „solidarisch". Nun ist es nicht mehr weit bis zu unserem Camp, das sich am Fuße des Lhakpa La in 4.150 m Höhe in der Nähe von Qukuoluojiang befindet.

Wenn auch der Friendship Highway in unmittelbarer Nachbarschaft unseres Camps verläuft und unzählige Sattelschlepper langsam, laut und scheinbar mit letzter Kraft den Pass hinaufächzen, ist es trotzdem ein schöner Ort: Die Zelte stehen kaum einen Meter neben einem kleinen, kaum einen halben Meter breiten Nebenbach, der Hauptbach plätschert etwa dreißig Meter weiter ins Tal. Das Wasser ist kristallklar, die Sonne wärmt vom Nachmittagshimmel, und so ergreifen wir erneut die Gelegenheit und waschen uns und unsere Klamotten, blödeln ein bisschen im eiskalten Wasser und lassen es uns vor den Zelten gut gehen. Wir lesen, hören Musik, schwätzen, aktualisieren unsere Tagebücher und warten, bis uns Sujan zum Abendessen ruft.

ÜBER DEN LHAKPA LA NACH SHEGAR (NEW TINGRI)

Obwohl auch nachts ständig LKWs kaum schneller als unsere Bikes (in dieser Höhe bringen auch Dieselmotoren nur einen Bruchteil ihrer eigentlichen Leistung), aber lautstark den Lhakpa La hinaufbrummen, kann ich dank Martin, Pawlow und Audio-App ganz passabel schlafen und bin am nächsten Morgen richtig gespannt auf den „zweithöchsten Pass" unserer Tour.

Kurz nach dem Start am Morgen trenne ich mich wieder von der Gruppe, um mein eigenes Tempo zu fahren. Nach etwa 500 Höhenmetern gönne ich mir eine kleine Verschnaufpause und trinke eine größere Menge Tee aus meiner Trinkflasche (das ist während des Fahrens wegen der dünnen Luft nur schlecht möglich!), dann wieder nach 750 Höhenmetern – etwa bei Jiiao Village – 900 Höhenmetern und 1000 Höhenmetern. Um 11.40 Uhr bin ich oben auf 5.267 m und habe damit 1.117 Höhenmeter richtig gut bewältigt. Multipliziert man die Steigleistung (wegen der Höhe) mit zwei, dann kommt (für einen halben Tag!) eine recht annehmbare Zahl heraus.

Hier oben hat man zum ersten Mal einen unverstellten Blick auf den Mt. Everest. Er wirkt in der klaren Luft näher und kleiner als er tatsächlich ist – das macht natürlich auch die Höhe von 5.267 m aus. Da fehlen ja „nur" noch 3 1/2 Tausend Meter. Kaum habe ich mein Bike irgendwo abgestellt, bin ich sofort umringt von fliegenden Händlern, die von Gebetsfahnen bis hin zu warmen Mahlzeiten alles verkaufen möchten, was das Touristenherz erfreut. Ich kann sie erfolgreich abwimmeln und mich der Inspektion dieses kahlen Sattels (diese Bezeichnung trifft eher zu als „Pass") widmen: Bei eingeschnittenen Straßen werden die Gebetsfahnen von Seite zu Seite gespannt, was hier nicht geht, da die Straße nicht eingesenkt ist. Also baute man auch hier ein großes Tor, vom dem aus Gebetsfahnen in alle Richtungen abgespannt sind. Dieses Tor markiert zugleich den Eintritt in den Everest-Nationalpark. Ein Franzose fotografiert und fragt mich aus. Ich wechsle immer wieder die Warteposition, da es fürchterlich win-

det und man ohne Bewegung schnell zu frieren beginnt. Kurz nach 13 Uhr trifft Martin ein, gegen 13.15 Uhr sind dann alle da. Fototermin. Erst einzeln, dann zu zweit oder dritt und Hand in Hand, dann „en groupe". Da es wirklich kalt und windig ist, wollen wir nicht lange verweilen und machen uns gleich an die Abfahrt. Nach wenigen Höhenmetern treffen wir unseren Bus und unseren LKW in einem Seitensträßchen links am Hang – alles ist vorbereitet für unser Mittagessen.

Der Platz ist wirklich ideal, denn im Schutz des Hanges windet es überhaupt nicht, und wir können uns nach der Mahlzeit ein bisschen in die Sonne legen, um zu dösen.

An der Südseite des Lhakpa La wird kräftig gebaut – entsprechend viele große Muldenkipper, Radlader und Planierraupen stehen oder fahren auf der Neubaustrecke neben der alten Piste und entsprechend viele Schotterstücke mit großen Schlaglöchern gibt es zwischen ganz alten und ganz neuen Asphaltstücken. Wir müssen höllisch aufpassen.

Ohne Plattfuß oder sonstige Panne erreichen wir eine neue Hochebene. Ein Umzugs-Kleinlaster direkt vor uns hat da weniger Glück und verliert nach einem Schlagloch gleich einen ganzen Schrank. Wir können dem auf der Straße rotierenden Möbelstück gerade noch ausweichen ...

Nach etwa 75 Kilometern und 1.200 Höhenmetern gibt es kurz vor New Tingri/Shegar einen chinesischen Kontrollposten. Hier ist wieder Gyatso gefragt, der das Sammel-Permit und unsere Reisepässe bei sich hat. Wir schieben unsere Bikes einzeln durch den Kontrollraum – man vergleicht unsere Gesichter mit denen auf den Passbildern – dann dürfen wir auf der anderen Seite wieder hinaus auf die Straße. Hier achten Soldaten mit schussbereiter MP darauf, dass wir den auf der Straße aufgemalten Korridor und nicht etwa den falschen Weg zu nah an den rasiermesserscharfen und deshalb undurchdringlichen S-Draht-Rollen nehmen.

Nach ein paar Minuten Beklemmung ist jedoch alles vorüber, und ein paar weitere Minuten später fahren wir in den Hof des Hotels Qomolangma Resort (Qomolangma ist der tibetische Name für den Everest).

Unsere Zimmer liegen im ersten Stock des rechten Flügels. Wir erreichen sie durch einen langen, kalten und zugigen Gang mit fleckigem Teppichboden und einer einzigen(!) nackten Glühbirne an der Decke. In den Zimmern machen die Betten einen halbwegs vertrauenerweckenden Eindruck – unter die Betten schaue ich jedoch lieber nicht. Das Bad und hier vor allem den Wasserabfluss muss ich vor der Benutzung erst mal mit scharfem Wasserstrahl von der Dusche von allerlei Unrat und vermutlich monatelang anhaftendem Dreck frei brausen. Ralph und ich sagen uns einmal mehr: Für EINE Nacht ist's OK ...

In einem Restaurant schräg gegenüber essen wir zu Abend. Die meisten von uns bestellen Hühnchen. Hühnchen mit Curryreis, Hühnchen mit Gemüse, Hühnchen auf Szechuan-Art, Hühnchen in

Nudelsuppe. Wir bekommen fein zerhackte Hühnchenteile von Brustkorb und Wirbelsäule mit jeweils einigen Gramm oder Mikrogramm anhaftendem Hühnchenfleisch und fragen uns, wer denn da Schenkel, Rücken und Flügel verzehrt hat. Außerdem ist's in dem Restaurant ausgesprochen zugig: Ständig kommen neue Gäste hinzu und lassen die große Schiebetür auf – für uns, die wir am zugigsten Platz direkt hinter dieser Schiebetür sitzen, ist es zum „Sich-Wohlfühlen" einfach zu kühl, und so verlassen wir dieses Restaurant recht schnell wieder und suchen – früher als sonst – unsere Zimmer auf. So können wir immerhin – WLAN sei Dank! – E-Mail-Post erledigen und noch etwas lesen ...

Unspektakulär nach Old Tingri

Im Innenhof des Hotels steht ein riesiger Pavillon, der seine besten Tage schon gesehen hat. Ungeheizt ergibt das ein Frühstück in Eiseskälte. Zwei Pfannkuchen und ein leckeres Omelett – mehr gibt's nicht. Die Autoscheiben sind von einem dicken Eispanzer überzogen. Allerdings scheint schon früh am Morgen eine gelbe Sonne vom hellblauen Himmel, so dass wir uns ein weiteres Mal auf einen herrlichen Tag freuen können. Unsere Fahrt über die Hochebene wird jedoch nach etwa drei Kilometern erneut gestoppt: Polizeikontrolle mit Einzelkontrolle.

Nach der Hochebene folgt eine kleine Abfahrt, und nach wenigen Kilometern – die vorherige Kontrolle ist kaum eine Stunde her – gibt es erneut eine Polizeikontrolle – auch hier mit Einzelkontrolle. Gyatso und Sujan sind zur Stelle ...

Gleich nach dem Kontrollposten befindet sich die Abzweigung nach Zombuk, Rongbuk und zum nördlichen Mt.-Everest-Basecamp über den Pang La. Was hatte Gurung in Kathmandu vorhergesagt? Richtig – und tatsächlich versperrt ein Schild den Weg zum Pang La (5.140 m). Was die Umleitungsstrecke ist, sagt dieses Schild vermutlich nicht aus – dazu können wir allerdings auch „zu wenig" (genauer

gesagt überhaupt kein) chinesisch oder tibetisch – wir wissen jedoch, dass wir geradeaus weiterfahren müssen, bis eine Abzweigung zum Alternativ-Pass Nam La kommt. Ich frage mich, ob da nicht Mountainbikes hätten hindurch fahren können, wenn doch nur Bauarbeiten durchgeführt werden? Doch was wäre mit unseren Fahrzeugen gewesen? Wo hätte man die Zelte aufgebaut? Ganz schnell verwerfe ich solche abweichenden Gedanken wieder und verlasse mich auf die gute Planung von Gurung und Claude.

Wir fahren unspektakulär weiter nach (Old) Tingri, wobei die unterschiedlichen Schattierungen der Berge links und rechts immer wieder zu Fotostopps veranlassen. Die Bauern, die wieder ihre Gerste in den kleinen Dörfern an der Piste windsichten oder mit kleinen Maschinchen dreschen; die Kinder und die sich langweilenden Alten sind ebenfalls Fotomotive.

Während die eine Gruppe von Bauern mit der Gerstenernte und dem Dreschen und Einlagern des Korns beschäftigt ist, besorgen andere die Heuernte. Immer wieder sieht man mit Heu hoch beladene und bunt bemalte Dreirad-Lastwagen. Oben auf der fest gestampften

Heuladung sitzen Bäuerinnen und vor allem Kinder, die diese Fahrt so luftig und hoch oben offenbar genießen. Ich fühle mich an meine eigene Kindheit erinnert, als ich „hoch auf dem (damals noch von Pferden gezogenen) Heuwagen" mithelfen durfte, die Heuernte einzubringen.

Am Nachmittag erreichen wir kurz nach der Abzweigung weg vom Friendship Highway und hin zum Nam La und einer direkt dahinterliegenden „Mautstation" für das Mt.-Everest-Gebiet (man muss für das Betreten des Qomolangma Nationalparks bezahlen – das hat nichts mit dem Entgelt für das Permit zu tun, das Bergsteiger für das Besteigen eines der Achttausender entrichten müssen) unsere Zelte auf etwa 4.100 m. Unsere Tagesleistung wird die niedrigste der gesamten Himalaya-Durchquerung sein: Etwa 60 Kilometer bei etwa 194 Höhenmetern. Die Piste ist wieder eine Naturpiste oder grob geschottert. Die „Nordroute" hat uns wieder – zumindest von der Straßenqualität her.

Wir haben sprichwörtliches „Kaiserwetter", und so können wir uns lange an den Ausblicken auf den Mt. Everest (8.848 m), den Cho Oyu (8.201 m), den Ghyachung Kang (7.922 m) und den Lhotse (8.516 m) gar nicht satt sehen. Direkt neben dem Lager und der Straße ist ein kahler Felshügel mit etwa 150 m Höhe. Zuerst sind es Claude und Martin, die ihn erklimmen. Von seiner Spitze aus können wir zusätzlich noch den Makalu (8.463 m) sehen. Gegen Abend wird sich der Wind in der Gipfelregion sogar noch legen, so dass wir dann den Everest und die anderen ganz ohne Schneefahne werden bewundern können.

Der kleine Ort Old Tingri ist in Sichtweite und wäre mit dem Bike in 10 Minuten erreichbar. Wir fahren aber mit dem Bus nach Old Tingri, um zu erkunden, was denn da so „Wichtiges" auf dem „Burgberg" gebaut wird. Unser Kleinbus wartet unten, wir steigen hinauf. Ein riesiges Ausstellungszentrum „Qomolangma" ist im Bau. Da werden mit Fiebereifer Stahlbetonmatten fixiert, Schalungen aufgestellt, Betonbomben entleert. Wann's fertig ist? Man weiß es nicht. Wir genießen die herrliche Aussicht inmitten großer Mengen einfach

so herumliegenden Bauschrotts. Dann marschieren wir wieder hinunter und beschließen die Orts- und Bergbesichtigung mit einem Milchtee im Hotel „Lhasa", gegenüber mehreren Fleischhauer-Ständen, die alle das Gleiche anbieten: Ganze, enthäutete Ziegen, Schafe und Yak-Kälber, riesige, blutige Stücke Yakfleisch. Wenig später werden wir von Gyatso und Tshering abgeholt.

Nach dem „Längsten" kommt das „Höchste" ...

war immer mein Spruch, nachdem ich 2011 den legendären Radmarathon von Trondheim nach Oslo bewältigt hatte. Im Zelt auf der weiten Hochebene mit Mt. Everest, Cho Oyu und Lhatse gleichsam

Der lange Radweg von Trondheim nach Oslo

Allein gegen den Wind: Lutz Geisler von der Seerose Friedrichshafen beim legendären Store Styrkeprøven in Norwegen. BILD: MARATHON.COM

- ▶ Die große Kraftprobe von Lutz Geisler in Norwegen
- ▶ 540 Rad-Kilometer in weniger als 17 Stunden

Store Styrkeprøven, das liest sich wie der Bodensatz einer Nudelsuppe. Wer sich daran versucht, hat sie sich selbst eingebrockt, denn Store Styrkeprøven heißt auf Deutsch „große Kraftprobe" und ist ein Radrennen über 540 Kilometer in Norwegen, das in maximal 43 Stunden bewältigt werden muss. Die Tour von Trondheim nach Oslo ist für Ausdauerradler das, was der Mont Ventoux für die Rennfahrer der Frankreich-Rundfahrt ist – hart, legendär und manchmal – wegen des norwegischen Wetters mit Regen und Temperaturen um den Gefrierpunkt – sogar schrecklich. Ein stundenlanger Kampf gegen den inneren Schweinehund, um es mal salopp zu formulieren, und damit Jahr für Jahr genau das passende Abenteuer für 4500 Radsportverrückte wie Lutz Geisler aus Friedrichshafen.

Der Vorsitzende des Radsportvereins Seerose tritt seit knapp 30 Jahren in die Pedale und legte seither auf zwei Rädern mehr Kilometer zurück als eine ganze VW-Flotte. Und dennoch, auch Geisler hat Respekt vor dem Store Styrkeprøven, findet in der Nacht vor dem Rennen keinen Schlaf. „Weil es selbst nachts um 1 Uhr Ende Juni noch hell ist in Norwegen", erklärt der 60-Jährige, „und weil vor meinem Hotel eine Gruppe Schüler, die seit dem Vortag Ferien hatten, auf dem Picknickplatz des „Singsakker Sommerhotels" offenbar die norwegische Mittsommernacht feierten". Und weil selbst den Routinier Zweifel plagen: Werde ich mich in meiner Mannschaft, dem „Vitargo-Team Germany", zurechtfinden? Werde ich rechtzeitig essen und trinken können, um weder Hungerast noch Krämpfe zu bekommen? Packe ich die Geschwindigkeit? Immerhin will der Häfler mit seinen Mannschaftskollegen vom Vitargo-Team Germany die Distanz mit 30 Stundenkilometer im Durchschnitt bewältigen, um bereits nach 18 Stunden im Ziel zu sein.

Schlaf findet Geisler schließlich doch, genügend jedenfalls, um am nächsten Tag frühmorgens in Trondheim mit der Startnummer 669 die Erfüllung seines Radfahrertraums in Angriff zu nehmen. Nicht die Streckenlänge ist das Problem im Ausdauerradsport, sondern das Höhenprofil, der Wind und natürlich die Geschwindigkeit. Das spüren schon wenige Kilometer nach dem Start die ersten Teilnehmer; auch Geislers Truppe reduziert sich bei den ersten Höhenmetern schnell von 35 auf 15 Fahrer. Wer jetzt noch auf dem Rad sitzt, hat den Tunnelblick und kein Auge für die Gletscher in der Ferne oder Tundragras fressende Moschusochsen am Wegesrand. Nur die „Heja, heja"-Rufe der Fans am Wegesrand nimmt er wahr.

„Bald waren wir nur noch zu viert, der Rest des Teams ist einfach abgeplatzt." Zurückgefallen also, was auch für Geisler & Co. ein Problem ist, weil dadurch Kollegen fehlen, die sich mit in die Windkante stellen. „In einer kleinen Gruppe ist man langsamer, weshalb uns bald ein etwa 30 bis 40 Mann starkes norwegisches Rudel einholte", erinnert sich der Realschullehrer aus Ailingen. Am ersten Verpflegungsstopp, den jedes Team frei wählen kann, müssen die Vitagofahrer das einheimische Pedaleursrudel ziehen lassen. „Wieder zu viert, ließen wir uns von der nächsten Gruppe einholen, die kurz darauf auf dem Dovrefjell Hochplateau mit ungefähr 45 Stundenkilometer heranbretterte." Dann macht diese Gruppe Pause, doch die nächsten Nordländer sind bald zur Stelle. „Auffallend war, dass alle fast militärisch in Zweierreihen das System Belgische Reihe fuhren. Dabei ist die rechte Reihe minimal schneller als die linke, und der vorn im Wind Fahrende wechselt nach

....

„Um mich herum waren lauter Norweger, die außer sich vor Glück waren."

Lutz Geisler über die besondere Atmosphäre im Ziel der Store Styrkeprøven

....

links in die langsamere Reihe, während gleichzeitig der letzte Fahrer von dort in die rechte Reihe lenkt." Außenseiter wie die deutschen Teilnehmer werden dabei allerdings nicht geduldet, immerhin geht es für die Norweger auch um wichtige Ranglistenpunkte.

Zumindest das Wetter spielt mit, bei frühlingshaften Temperaturen schmerzt dennoch jeder Kilometer, der alleine zurückgelegt werden muss. Als eine weitere Norwegergruppe auffährt, an die man sich anhängen könnte, funkt eine Polizeistreife dazwischen. Der Polizist: „Sie müssen hier warten." Warum? „Sie sind schneller als Sie, deshalb lassen Sie sie passieren!" Geisler wartet verärgert, sein Teamkollege tut so, als ob er nichts versteht und sprintet den Norwegern nach. Zehn Sekunden später gibt der Polizist die Straße frei, Geisler schwingt sich aufs Rad und brüllt den Polizisten an: „Natürlich sind die mit 40 Mann schneller, ich bin alleine!" Ob ihn seine Schüler jemals so wütend erlebt haben? Sicher nicht!

Irgendwann kommt aber natürlich das nächste Norwegerteam, das Prozedere wiederholt sich bis zum Ziel beim Eisstadion im Osloer Stadtteil Løren. Mit einer Durchschnittsgeschwindigkeit von 38,3 km/h auf den letzten 40 Kilometern passiert Geisler kurz vor 1 Uhr morgens die finale Zeitmessung.

„Um mich herum lauter Norweger, die außer sich vor Glück waren. Sie umarmten sich und genossen den von ihrem Begleitteam organisierten Sektempfang." Auch der 60-Jährige vom Bodensee ist glücklich. „Ich warf einen kurzen Blick auf die Anzeigetafel – dort stand mein Name, mein Team und 16:57:37 Stunden", erinnert sich Geisler an den speziellen Moment. „Geschafft! Gut eine Stunde schneller als geplant, verschont von Pannen, um einige Erfahrungen reicher." Als Siebter (von 50) seiner Altersklasse, als Dritter im Team und als fünfter Deutscher. Die große Kraftprobe, sie ist bestanden.

Lutz Geisler schläft ausgezeichnet in der folgenden Nacht. Das hätte kein feiernder Schüler, kein vorlauter Polizist und auch kein norwegisches Rad-Rudel verhindern können.

Zur Person

Lutz Geisler, 1. Vorsitzender des RV Seerose Friedrichshafen, wurde 1951 in Sandersleben (Sachsen Anhalt) geboren. Er ist verheiratet, hat zwei Söhne und drei Enkeltöchter. Seit 1980 unterrichtet er an der Realschule in Ailingen. Zum Radsport kam Lutz Geisler erst mit 33 Jahren. Weil er die 200 km lange Bodenseerundfahrt in einer erstaunlichen Zeit absolvierte, bestärkten ihn seine Freunde und Bekannten zum Kauf eines Rennrades. Damit waren alle anderen Hobbies out. 2011 erfüllte er sich den Traum eine jeden Langstrecken-Radsportlers: den Store Styrkeprøven in Norwegen. Danach komme, so Geisler, nur noch das „Race across America", das ihm aber mehr als eine Spur zu verrückt sei. (heh)

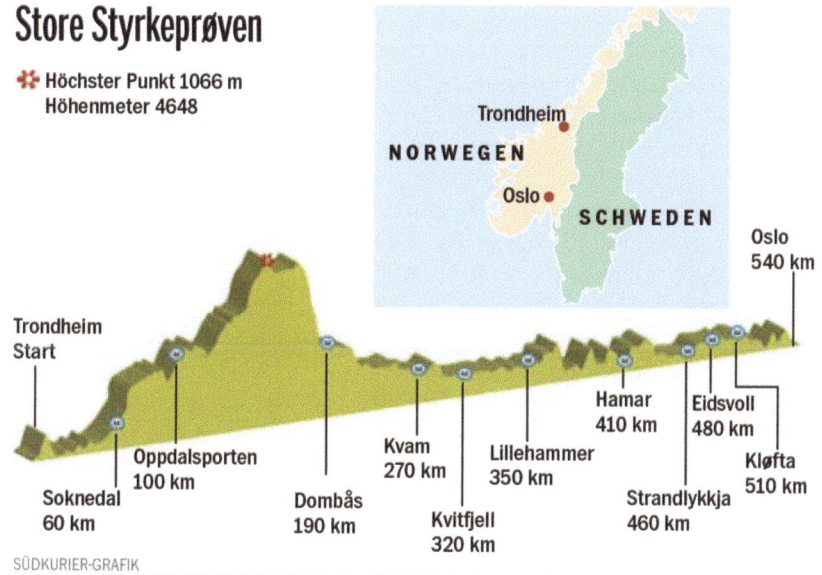

als „Wächter" am sternenklaren Horizont rekapituliere ich Einzelheiten „des Längsten" und schwelge in Erinnerungen und weiteren Plänen: Store Styrkeprøven vom 25. Juni 2011.

Ich versuche zu schlafen. Erfolglos. Obwohl es bereits 1 Uhr ist, ist es hell draußen, und eine Gruppe Schüler, die seit gestern Ferien hat, lärmt auf dem Picknickplatz des „Singsakker Sommerhotels" und feiert offenbar die norwegische Mittsommernacht. Darunter ihr Lehrer, der keine Ahnung davon hat, dass mindestens die Hälfte der Hotelgäste am Morgen ein Radrennen von 540 km Länge vor sich hat. Mich plagen Ängste: Werde ich mich in meinem Team „Vitargo-Team Germany" zurechtfinden? Werde ich rechtzeitig essen und trinken können, um weder „Hungerast" noch Krämpfe während des Rennens zu bekommen? Werde ich die Geschwindigkeit des Teams (geplant waren 30 km/h, also eine Zeit von 18 Stunden) halten können? Werde ich keinen Sturz und auch keine Panne bekommen? Werden meine Trinkflaschen, meine Energieriegel und meine Ersatzklamotten, die ich am Abend dem Teambus-Chauffeur David in einer mit meiner Startnummer 669 beschrifteten Plastikkiste gegeben habe, ausreichend sein? Immerhin erfolgt nur zweimal ein Treffen mit dem Teamfahrzeug: Bei Kilometer 180 oben auf dem Dovrefjell und bei Kilometer 360 in der Nähe von Lillehammer.

Irgendwann schlafe ich dann doch ein und befinde mich nach einem ausgedehnten und energiereichen Frühstück am Morgen unversehens kurz vor den Transponder-Matten am Start in der Munkegata in Trondheim. Im Rücken den Dom der alten Hauptstadt, in dem bisher alle Könige gekrönt wurden. Vor mir das längste und renommierteste Langstrecken-Radrennen Europas, der Store Styrkeprøven von Trondheim nach Oslo. Der findet bereits seit 45 Jahren statt und ist – ähnlich wie der Mont Ventoux bei der Tour de France – Inbegriff radsportlichen Erlebens einerseits und Leiden andererseits. Um mich herum ca. 35 andere Vitargo-Fahrer, die angeblich alle das gleiche Ziel verfolgen: Nicht einfach nur ankommen, wie viele der Tageslizenz-Löser, sondern eine gute Zeit unter 18 h fahren. So war's Monate vorher mit dem Teamleader Axel vereinbart worden.

Um 7:52 Uhr erfolgt die Startfreigabe, die 35 Fahrer setzen sich langsam in Bewegung, die Transponder-Empfänger neben den Matten piepen unaufhörlich und registrieren unsere individuelle Startzeit. Aufpassen beim gepflasterten Kreisverkehr gleich nach 100 Metern, dann langsam Fahrt aufnehmen.

Wir fahren direkt auf der vierspurigen und für das Rennen gesperrten E6 in Richtung Süden. Die Straße ist zunächst noch nass vom nächtlichen Regen. Nach wenigen Kilometern der erste Anstieg – es geht nur etwa 100 Höhenmeter leicht hinauf nach Heimdal. Da es nicht sehr steil ist, behalten wir unsere Geschwindigkeit von etwa 35 km/h bei. Oben hat sich unser Team auf 15 Mann verkleinert – immer noch genügend, um anständig Windschatten fahren zu können.

Es folgt ein etwa 100 km langes, nur leicht welliges Stück mit einem Profil, das eine Geschwindigkeit jenseits von 40 km/h zulässt. Wir überholen einige norwegische Teams. Ich habe mein Hotelbrot bereits verputzt und esse alle 20 km einen Riegel. Trinke ausreichend. Kurz vor dem ersten Treffpunkt mit David und dem Teambus erfolgt der etwas steilere Schlussanstieg hinauf aufs Dovrefjell, dem norwegischen Nationalpark. Hier gibt's auch Ende Juni noch Schneereste neben der Straße, Gletscher sind in der Ferne sichtbar, Moschusochsen weiden auf dem kargen Tundra-Bewuchs. Wir sind noch zu viert – der Rest des Teams ist einfach „abgeplatzt". Da wir in der der Kleingruppe nun langsamer sind, holt uns bald ein etwa 30 – 40 Mann starkes norwegisches Team ein, dem wir uns anschließen und wieder Fahrt aufnehmen. Gleich darauf treffen wir auf David und unseren Bus, wir wechseln unsere Trinkflaschen, fassen neue Riegel, und das norwegische Team ist weg.

Wieder zu viert, lassen wir uns vom nächsten Team einholen, das kurz darauf auf dem Dovrefjell Hochplateau mit ca. 45 km/h heranbrettert. Hängen uns an, lassen uns ca. 10 km mitziehen. Dann kommt der Verpflegungspunkt der Norweger: Rechts ein Bus mit der Fahrerlaubnis „Sykkelritt", 30 schön in Reih' und Glied aufgestellte Verpflegungskisten, unsere Norweger fahren rechts ran, und wir sind erneut allein. Wieder einige Kilometer zwischen 30 und 35 km/h, dann das nächste Norwegerteam. Auffallend ist, dass alle eine strenge Teamorder haben, fast militärisch in Zweierreihen das System „Belgische Reihe" fahren (dabei ist die rechte Reihe minimal schneller als die linke, und der vorne im Wind Fahrende wechselt nach links in die langsamere Reihe, während gleichzeitig der letzte Fahrer der linken Reihe in die rechte Reihe wechselt) und keine Außenseiter in ihren Reihen dulden. Ulrich (einer von uns Vieren) erklärt mir das mit Mannschaftszeitfahren, für das es eine norwegische Rangliste gebe. Einerseits klar, dass sie dann nach ihren Regeln fahren wollen. Andererseits: Warum lassen sie uns nicht einfach hinterherfahren und reagieren richtig verärgert auf uns? Das Hinterherfahren hat für uns ja auch einen Nachteil: Wir müssen für den Zirkel etwa 5 m Platz lassen und haben daher nur suboptimalen Windschatten (optimaler Windschatten ist bei etwa 30 cm Abstand). Viel lieber würden wir ins Team integriert werden und dann eben alle 20 Minuten ca. 30 Sekunden führen – das würde sich in punkto Windschatten mehr als auszahlen.

Die Tatsache, dass die Vitargo-Verpflegungspunkte und die Verpflegungspunkte der verschiedenen Norweger Teams auseinander liegen, führt dazu, dass wir uns immer wieder neuen Teams anschließen. Auch „alte Teams" kommen hin und wieder von hinten, und jede Alleinfahrt kostet wertvolle Minuten. Kurz vor Lillehammer ist unser zweiter und letzter Verpflegungspunkt, den Claas und Christian nicht nutzen und mit dem Norwegerteam weiterfahren. Ich lasse Beinlinge und Windjacke in der Kiste zurück und fahre bei frühlingshaftem, ja idealem Wetter und verblüffend guten Beinen mal wieder allein – jetzt aber nur noch in einer Zweiergruppe mit Ulrich. Gleich muss die Norwegergruppe kommen, die vor ca. 50 km rechts ran fuhr. Eine Polizeistreife hält uns beide an und verweist uns auf die Bushaltebucht rechts neben der Fahrbahn. Wir wissen nicht so recht, warum, und folgen den Anweisungen. Da brettert das Norwegerteam heran, und ich schwinge mich wieder aufs Rad. Der Polizist: „I told you to stay here and you wait here!" Auf mein „Why?" antwortet er: „They are faster than you and that's because you let them pass!" Ich warte also verärgert während Ulrich so tut, als ob er nichts versteht und den Norwegern nachsprintet. 10 Sekunden später gibt der Polizist die Straße frei, ich schwinge mich aufs Rad und brülle ihn fast außer mir an: „Of course they're faster than I – they're forty. I'm alone!" Und fahre mal wieder allein – diesmal ganz allein.

Klar, dass mich irgendwann wieder ein Norwegerteam einholt und sich das ganze Spiel bis zum Schluss beim Eisstadion im Osloer Stadtteil Løren wiederholt. Mit meinem letzten Norwegerteam und einer Durchschnittsgeschwindigkeit von 38,3 km/h auf den letzten 40 Kilometern brause ich kurz vor 1 Uhr nachts (da ist es auch in Oslo fast dunkel) über die piependen Transpondermatten im Ziel. Die Norweger sind außer sich vor Glück, umarmen sich und genießen den von ihrem

Begleitteam organisierten Sektempfang, ich werfe einen kurzen Blick auf die Anzeigetafel – dort steht mein Name, mein Team und „16:57:37 h" – und ich weiß, dass ich's geschafft habe: Gut eine Stunde schneller als geplant, verschont von allen Pannen, aber auch um einige Erfahrungen reicher. Beim nächsten Mal werde ich mir mein Team genauer raussuchen. Als 7. (von 50) meiner Altersklasse, als 3. im Team (Ulrich hatte eine Panne) und als 5. Deutscher stehe in ganz gut da.

Nachdem ich niemanden aus dem Vitargo-Team in der Unzahl von Feiernden im Zielbereich erspähen kann, schleiche ich mich auf die vorreservierte Luftmatratze im Løren-Eisstadion.

An Schlaf ist jedoch nicht zu denken. Ich bin derartig aufgekratzt, dass ich immer wieder die Erlebnisse des Tages rekapituliere und in Bildern schwelge: Rauschende und wunderschöne Wasserfälle neben der Straße, die man – wenn es kein Radrennen wäre – sicher aus allen möglichen Perspektiven fotografiert hätte. Bunt – meistens aber rot – getünchte Holzhäuser und ganz wenig Beton und Stein, glitzernde Bergseen und fjordartige Talseen. Aber auch begeisterte Norweger, die trotz Ferienanfang „ihr" Rennen auf der E 6 genießen, an der ganzen Strecke die Rennfahrer mit „Heja, heja"-Rufen anfeuern, zur Mittsommernacht singen, tanzen, musizieren und grillen. Die Düfte von Grillfleisch und Grillwurst wehen bis auf die Straße. Wie fad daneben der Genuss des fünfundzwanzigsten Riegels!

Ich bin froh, „es" gemacht zu haben, und froh, es in diesem Jahr gemacht zu haben. Bereits 3 Jahre vorher hatte ich den Plan gehabt, am Store Styrkeprøven teilzunehmen und hatte diesen Plan dann aus Gründen der Vernunft begraben: Da ich nur einen Tag Dienstbefreiung bekommen hätte, hätte ich am Freitag Nachmittag anreisen und am Montag Morgen abreisen müssen. 1.700 Euro für vier Tage! Nun aber waren Pfingstferien, ich war eine ganze Woche in Norwegen, und im Vergleich zu den 1.700 Euro im Jahre 2008 kostete es diesmal nur wenig mehr als „'n Appel und 'n Ei".

Store Styrkeprøven, das ist mehr als nur ein Langstrecken-Radrennen im Norden Europas. Es ist ein erfüllter Traum und ein Versprechen.

Was heisst „lang"?

Klar: Der Store Styrkeprøven ist der längste der bekannten und geschichtsträchtigen Radmarathons, die ein Jedermann-Radamateur an einem Tag bewältigen kann. Bezogen auf eine beispiellos hohe Teilnehmerzahl von über 10.000 Rennradlern sowieso. Betrachtet man neue, immer noch verrücktere Projekte, so muss man als Süddeutscher das „Race across the alps" mit zwar „nur" 532 Kilometern, aber 14.532 Höhenmetern berücksichtigen, das seinen Start im österreichischen Nauders hat. Man wundert sich nach der Lektüre von Rennrad-Zeitschriften über die Teilnehmer der „Tortur", die im schwäbischen Neuhausen startet und 1.000 Kilometer sowie 13.000 Höhenmeter beinhaltet. Den Ideen „verrückter" Radamateure und begeisterungsfähiger Sponsoren und Redakteure scheinen keine Grenzen gesetzt zu sein, und deshalb gibt es in jedem Jahr neue Projekte – nicht alle werden auch durchgeführt.

Dehnt man die Überlegung auf mehrere Tage oder gar Wochen aus, dann dürfte das „Red Bull Trans-Siberian Extreme" das längste Radrennen der Welt sein: In 22 Tagen sollen 9.200 Kilometer, fünf Klimazonen, sieben Zeitzonen und zwei Kontinente durchfahren werden. Von Moskau nach Wladiwostok, von der russischen Hauptstadt entlang der Bahnlinie der Transsibirischen Eisenbahn bis an die Pazifikküste. Es stellt das bisherige „längste Radrennen der Welt", das „Race across America", kurz RAAM, in den Schatten. Das RAAM startet in Oceanside und führt in fünf Tagen über 3.000 Meilen (= 4.812 Kilometer) und 30.000 Höhenmeter nach Annapolis.

Das Race across Ireland beinhaltet 2.172 Kilometer und 22.000 Höhenmeter, das Race around Austria 2.200 Kilometer und 28.000 Höhenmeter, das Race around Slovenia 1.139 Kilometer und 15.000 Höhenmeter usw. usw.

*

Das „Höchste"
ist gar nicht das „Höchste"

Man muss bei der Wahrheit bleiben: Die von mir so titulierte Bikereise durchs Himalaya beinhaltet nicht die Fahrt über den höchsten offiziellen Straßenpass der Erde. Der befindet sich nämlich in Ladakh (Ladakh liegt in Indien zwischen den Gebirgsketten des Himalaya und des Karakorum und gehört teilweise zu den indischen Bundesstaaten Jammu und Kashmir) und heißt Kardung La. Er ist 5.600 m hoch und wird im Rahmen von Bikereisen durch Ladakh von mehreren Reiseveranstaltern angeboten. Auch meine Reisebegleiterin Katrin hat eine solche Reise schon hinter sich. Da aber eine Ladakh-Reise wegen der räumlichen Entfernung schlecht einen Ausflug zum Mt. Everest beinhalten kann, bleibe ich bei meiner Titulierung: Ich fahre zwar nur über einen der höchsten Pässe, aber zum höchsten Berg der Erde.

Nach dem „Höchsten"
kommt das „Grösste"

Aber man darf bei den Superlativen bleiben: Während ich an diesem Buch schreibe, manifestiert sich in mir der Plan, 2016 am größten „Recreational Bike Ride" der Welt, der Vätternsee-Runde (Vätternrundan) in Schweden teilzunehmen. Es ist ein 300-Kilometer-Circuit rund um den südschwedischen Vätternsee mit Start und Ziel in Motala und soll 2016 am 17. und 18. Juni stattfinden. Die „Interesse-Registrierung" habe ich im September durchgeführt, und nun kommt es darauf an, ein bisschen Glück am PC zu haben: Die endgültige Registrierung soll am 4. November um 19.00 Uhr stattfinden, und um 19.02 Uhr sollen bereits alle Startplätze vergeben sein. Ich habe Glück und werde einer der rund 20.000 Startenden sein. Startzeitpunkt: 2.00 Uhr morgens …

Mount Everest

Offenbar scheint der Weg über den Nam La etwas weiter als der über den Pang La zu sein, und so wird nach „unwahrscheinlich kurzer Diskussion" entschieden, die Bikes auf den LKW zu laden und per Bus auf den Nam La zu fahren. Dort würden wir die Bikes ausladen und dann per Bike den Pass hinunter und die paar Höhenmeter wieder hinauf nach Rongbuk und ins Basislager fahren.

Die Straße ist wahrhaft in schlechtem Zustand: Schlaglöcher im Naturbelag wechseln sich ab mit einer losen Schotterung, die unweigerlich zur Wellblechpiste führt; fehlende Markierungen und oft unklarer Straßenverlauf. Wir halten immer wieder an, um uns zu orientieren oder um den hinteren Plastik-Stoßfänger am Bus, der immer wieder beim Aufsetzen abgerissen wurde, in die Montageöffnungen einzuklipsen. Oben auf dem Nam La erfolgt nach „unwahrscheinlich kurzer Diskussion" ein weiterer Beschluss: Wir fahren zunächst auf der 220, dann auf der 218 Country Road durch Zombuk, dann auf der Zhufeng Road bis nach Rongbuk, dem höchst gelegenen Kloster der Welt in einer Höhe von 4.980 Metern und Ziel der heutigen Etappe. Die Rüttelpartie geht also weiter. In Rongbuk (22) erfahren wir, dass wir nicht in Zelten, sondern in einfachen 3-Bett-Zimmern schlafen werden.

Ich bekomme ein Zimmer mit Martin und Katrin zusammen. Wir stellen unser Gepäck im Zimmer ab und hoffen darauf, dass nichts verlorengeht – das Zimmer ist nicht abschließbar, nicht zu heizen und hat weder Tisch noch Stuhl noch Schrank. Es wird schon gehen ...

Wieder im Innenhof des Gästehaus-Komplexes, laden wir die Bikes aus dem LKW und müssen „leidvoll" die Folgen der Rüttelpartie über den Nam La erkennen: Die meisten Bikes sind ziemlich verschrammt – mein edles Carbon-Bike hat am Oberrohr und am Sitzrohr tiefe Riefen, am Vorbau wurde die Farbe abgeschabt.

Da wir heute noch ins nördliche (tibetische) Basislager wollen, müssen wir los. Wir radeln auf einer passablen Natur-Schotterpiste

Die Straße zum Nam La und die BAT-Zeltansammlung

zunächst etwa 4 Kilometer leicht bergauf bis zu einer Ansammlung von eingeschossigen Hütten und Zelten, die rechteckig um einen großen Park-und Versammlungsplatz angeordnet sind. Einige davon dienen als einfache, aber um so teurere Hotels für Besucher und Bergsteiger, andere als Restaurant, wieder andere als Souvenirshop oder letzte Einkaufsmöglichkeit für Bergsteiger-Utensilien. Es gibt auch Büros in den Zelten und Hütten, z.B. um den verpflichtenden (!) Bus-Shuttle-Service ins Basecamp zu organisieren. Jetzt, außerhalb der Saison (die erst in zwei Wochen starten soll), ist man wenig interessiert am Transport von nur 6 Menschen, und man lässt uns mit unseren Bikes zum Basecamp weiterfahren.

Von nun an geht es wesentlich steiler nach oben, und nach ein paar Serpentinen müssen wir sogar einen Flusslauf in einer Furt durchqueren. Unsere Laufräder tauchen bis zu den Achsen in das kalte Wasser ein, und auch unsere Füße bekommen das eiskalte Wasser zu spüren. Die Furt ist aber schmal, und direkt dahinter öffnet sich der

Blick auf ein kleines Plateau in 5.154 m Höhe. Das Basislager! Es ist nur wenige hundert Meter breit und vielleicht ein- oder zweitausend Meter lang – dahinter erhebt sich steil, unmittelbar, mächtig und majestätisch ... der Mt. Everest.

Wir sind so hingerissen von diesem Anblick, dass wir weiter in dieses Hochplateau hineinfahren und ein Absperrseil, das quer über den Schotterweg gespannt ist, gar nicht bemerken. Ein chinesischer Aufsichtsbeamter herrscht uns an, schickt uns zurück, bedeutet uns, dass wir uns auf keinen Fall auch nur einen Meter jenseits der Absperrung bewegen dürfen. Auch nicht, um nur ein einziges Foto von einem etwas besseren Aussichtspunkt zu machen und sofort wieder hinter die Linie zurückzukehren. Er deutet auf einen kleinen, etwa 30 Meter hohen Aussichtshügel, der gerade von Dutzenden von Touristen erklommen und dessen Kuppe von mindestens ebenso vielen bevölkert wird.

Wir stellen unsere Bikes an einer winzigen Hütte ab und reihen uns ein in der Marsch nach oben. Und es lohnt sich! Wenn dann die

Aussicht nicht durch winkende und in fremde Kamera-Objektive lächelnde Chinesen, Japaner, US-Amerikaner, Franzosen, Australier, Schweizer, Deutsche und sonstige Touristen versperrt ist, hat man einen phantastischen Blick auf den höchsten Berg der Erde. Auch wir fotografieren (natürlich). Setzen uns auf einen Felsvorsprung, um das „Schauspiel" zu genießen. Einen Gipfel, der aus dem tiefblauen Himmel in klarer Schönheit hervorsticht, fast ohne Schneefahne, die so oft bei wolkenlosem Himmel die Stürme da oben anzeigt. Wir klettern ein paar Serpentinen hinunter, fotografieren von dort, klettern wieder hinauf, genießen den Ort ganz anders als die vielen, die auf einem Asientrip schnell von Event zu Event hasten, um in möglichst kurzer Zeit möglichst viele Fotos auf der SD-Karte zu speichern.

   Vor diesem monumentalen Koloss stehend, fallen mir plötzlich einige Geschichten ein, die sich um den „Allergrößten der Berge" ranken: Dabei sieht er so friedlich aus. Als ob der Berg niemandem etwas zu Leide tun könnte – was der Everest ja auch nicht tut, wenn man ihn nicht zu besteigen versucht.

Hier oben sind natürlich wieder Tausende von Gebetsfahnen zwischen Steinen und kleinen Behelfsmasten (wie Gartenzaun-Pfählen) aufgespannt, und manche Gebetsfahnen reichen von hier hinüber zu einem Berghang, an dem eine kleine, verfallene Hütte liegt. Auch Claude hat wieder eine Gebetsfahne in seinem Rucksack, packt sie andächtig aus und spannt sie gemeinsam mit Theo und Katrin zwischen Hügelkuppe und Hütte.

Ich kann mich gar nicht sattsehen an diesem einmaligen Anblick. Immer wieder wechsle ich vor der verfallenen Hütte zur Hügelkuppe und zurück, weiß gar nicht, welche Ansicht die noch bessere ist und bedaure schon, in ein paar Minuten diesen Ort wieder verlassen zu müssen. Und noch etwas: Ich vermisse mein Fernglas. Und ich erinnere mich an einen Besuch in Grindelwald vor mindestens dreißig Jahren, als Dutzende von Beobachtern mit auf Stative montierten Ferngläsern die Bergsteiger in der Eiger-Nordwand beobachtet hatten. Schade, dass ich kein Fernglas und kein Stativ dabeihabe.

Vom angeblichen Rummel im Basecamp ist heute absolut nichts zu spüren. Kein einziges Zelt ist aufgebaut. Später, in Rongbuk, fragen wir bei Gyatso und Sujan nach – die Bergsteiger-Saison soll in zwei oder drei Wochen beginnen. Dann müssten sich die Bergsteiger doch ein paar Tage oder besser Wochen hier akklimatisieren! Nicht nur ich wundere mich.

Da ein jeder von unserer Gruppe andere Vorstellungen vom Programm des restlichen Tages hat, verabreden wir uns auf der „Mittelstation", also der Ansammlung von eingeschossigen Hütten und Hotelzelten. Ich fahre mit Ralph und Theo gemeinsam ab und warte mit ihnen auf dem rechteckigen Platz. Kein Claude, kein Tenzing, keine Katrin und kein Martin zu sehen! Stattdessen eine Gruppe Chinesen, die sich laut lamentierend um einen alten Reisebus schart. Der hat offenbar Motorprobleme und kommt nicht vom Fleck. Jede Zündschlüsselbewegung ruft nur ein Klacken im Anlasser hervor. Der herbeigerufene SUV kann den Bus nicht mit dem

Abschleppseil anschleppen – ein zusätzlich schiebender Jeep hilft auch nichts. Schließlich schieben etwa 10 Chinesen den Bus von hinten und von den offenen Türen aus an. Wir sind gerne behilflich. Irgendwann springt der Motor des Busses mit zögerlichem Gehuste an – gleichzeitig kommen riesige schwarze Rußwolken aus dem Auspuff. Wohl denen, die nicht hinten geschoben haben! Die chinesische Reisegesellschaft steigt ein und rumpelt nach Rongbuk hinunter ...

Eine Stunde später ist von den Gefährten immer noch nichts zu sehen, und so fahren wir die letzten vier Kilometer nach Rongbuk ab. Genau im richtigen Moment, um ein fast witziges Spektakel mitzuerleben:

Rongbuk liegt auf einem Hügel, auf den auch, wenn man „von oben" kommt, eine kleine Rampe mit etwa 12%iger Steigung führt. Nach rechts erhebt sich der Hügel, nach links fällt er ab bis zu einem kleinen Bergbach oder -fluß namens Zhaga Qu. Wie wir gerade die Rampe hochhecheln, hören wir von rechts oben menschliches Geschrei und tierisches Gebrüll – kurz darauf stolpert ein riesiger Yak die etwa sechs Meter hohe, steile Böschung rechts der Straße auf die

Widerspenstiger Yak in Rongbuk

Straße, hält kurz inne und flieht weiter etwa 15 Meter steil nach unten zum Zhaga Qu, um ihn zu überqueren. Die Böschung hat mindestens 100% (das wären 45°)! Deshalb hat die Yak-Hirtin auch keine Chance, den Yak laufend oder stolpernd zu erwischen. Sie rutscht unter heftigen Flüchen auf dem Rockboden die Böschung hinunter und ist ganz unten erstmal ratlos, als sie den widerspenstigen Yak mitten im Zhaga Qu sieht. Dann holt sie schimpfend ihre Steinschleuder heraus und verpasst ihm so einen Steinhagel, dass er tatsächlich das Flussbett verlässt und flussabwärts „irgendwohin" trottet. Die Yak-Hirtin laut schnalzend hinterher ...

Zum Gästehaus des Klosters Rongbuk sind es nur noch wenige Meter, und wenig später läuft auch der Rest der Gruppe ein. Heute sind wir ganze 16 Kilometer gefahren und haben dabei 280 Höhenmeter bewältigt. Unsere Küchenmannschaft ist mit der Vorbereitung des Abendessens beinahe fertig, und bis dahin haben wir Gelegenheit, gemeinsam mit tibetischen Kindern, Hirten und einem „Hausmeister" im zugigen Aufenthaltsraum des Gästehauses immer wieder denselben Horrorfilm auf DVD anzusehen ...

In solch großer Höhe wird es nachts – vor allem, wenn der Himmel wolkenlos ist und das Bisschen eingestrahlte Wärme nach Sonnenuntergang sofort in die Atmosphäre abgegeben wird – empfindlich kalt. Kein Wunder, dass wir uns sehr bald nach dem Abendessen in unsere Kammern zurückziehen. Ich muss nachts ein paar Mal raus, um einige Sträucher im Außenbereich des Gästehauses zu „besichtigen", und wen treffe ich jedes Mal? – Eben denselben Yak, der die tollkühne Flucht über die Böschung vollführt hat. Nur jetzt ist er in einer Gruppe von drei weiteren Yaks ganz friedlich, käut von mir unbeeindruckt wieder und lässt sich auch von den umherstreunenden Hunden, die mir dagegen schon ein bisschen Angst machen, nicht beirren.

VON RONGBUK ZURÜCK NACH TINGRI

Wieder habe ich – dank klassischer Musik vom Handy – gut geschlafen und genieße mein Frühstück in 5.030 m Höhe im Aufenthaltsraum des Gästehauses. Der Horrorfilm läuft schon wieder oder in einer Endlosschleife immer noch. Wir beraten, wie der vor uns liegende Tag ablaufen soll. Mehrheitlich geraten wir zur Auffassung, dass wir zuerst das Kloster Rongbuk besichtigen wollen und danach mit Bus und LKW in Richtung Tingri bis etwa zum Nam La fahren wollen, um dort die Bikes auszuladen und den Rest bis Tingri per Bike zurückzulegen. Das gefällt mit gar nicht! Noch einmal mein Bike verschrammen, eventuell mit noch übleren Folgen? Auf ein Mountainbike-Abenteuer an einem herrlichen Morgen in etwa 5.000 m Höhe verzichten? Ich muss mit Engelszungen zuerst die Gruppe, dann Claude und schließlich Sujan davon überzeugen, dass ich weiß, was ich tue, dass ich mein Handy aufgeladen und eingeschaltet habe und dass ich die Straße, die wir auf dem Herweg benutzt hatten, auch auf dem Rückweg nicht verlassen werde. Schließlich tauschen wir einige

Theo kurz vor Lungchang

Handy-Nummern aus und verabreden, dass egal, wer zuerst auf dem Nam La ist, auf den oder die anderen auf jeden Fall wartet. Dann macht sich die Gruppe mit Foto- und Filmkameras sowie Reiseführern „besichtigungsfertig". Ich schwinge mich auf mein Bike und rausche ins Tal.

Das ist zunächst einmal eine sehr schattige Angelegenheit, denn die naturbelassene, teilweise aber auch gerade im Ausbau befindliche Bergstraße verläuft nördlich am Hang einer Bergkette – hierher kommt früh morgens kein Sonnenstrahl, an manchen Stellen liegt Raureif, und ich bin froh an meinen langen Winterhandschuhen und der dicken Mütze unter dem Helm. Links im Tal rauscht der Zhaga Qu (auch Rombuk Chu). Ich schwanke zwischen dem „Rausch der Geschwindigkeit" und einer moderaten, dem eisigen Wind um die Ohren und die Hände angepassten Geschwindigkeit. Wie auch immer – sehr schnell bin ich unten im Tal auf der Zhufeng Road und der einzigen Brücke über den Zhaga Qu, wo mich die morgendlichen Sonnenstrahlen wieder erreichen. Jenseits der Brücke geht es gleich wieder nach oben – dort beginnt die lange und kräfteraubende Passstraße über den Nam La.

Nach einigen Kilometern erreiche ich wieder Zombuk, und mittlerweile ist es – auch, da ich mich jetzt einen Südhang hochschraube – herrlich warm und angenehm zu fahren. In Zombuk schauen mich einige Bauern interessiert an und pfeifen vorsichtshalber ihre Hunde zu sich, dann aber wenden sie sich wieder ihren kleinen Holzschüsseln zu und kneten weiter ihren Morgen-Tsampa (23).

Nach Zombuk wird die Piste wieder ruppiger, hat viele ausgewaschene und tiefe Regenrinnen, die längs und quer in alle Richtungen verlaufen. Wehe dem, der achtlos mit einem Zweirad hier hinunterfährt und eine der Spalten übersieht. Ich bin achtsam, fahre um den nächsten Bergvorsprung und sehe den Pass oben vor mir liegen. Unten: Das Tal des Zhaga Qu und ein LKW mit Tarnbemalung, der langsam die Passstraße hochschaukelt. Dahinter ein weißer Mini-Bus. Unser LKW und unser Bus.

Es dauert noch mindestens zehn Minuten, bis die beiden Fahrzeuge gleichauf mit mir sind. Kaum hundert Meter weiter halten beide am Straßenrand an, und meine Bike-Gefährten sowie die tibetischen und nepalesischen Guides steigen entnervt aus.

„Gerade eben haben wir gesehen, wie sich die gesamte Ladung auf dem LKW zur hinteren Bordwand verschoben hat ... Und nach einer ausgewaschenen Regenspalte wäre sie beinahe heruntergefallen!", stöhnt Martin. Und Theo ergänzt: „Das hat die ganze Zeit gefährlich geschaukelt!" Alle sind entschlossen, ihre Bikes hier und jetzt auszuladen. Kein Meter weiter mit dem LKW. Wir laden die Bikes gemeinsam vom LKW und sehen sofort die Bescherung: Fast alle Bikes haben trotz BAT-Karton-Schutz zusätzlich zu den Schrammen von gestern neue und noch tiefere Schrammen – für Edelbikes wie die von Martin, Theo und Ralph eine halbe Katastrophe. Katrin, Claude und Tenzing schert das weniger, sie sind in dieser Hinsicht etwas schlechter ausgerüstet und sowieso eher pragmatisch. Obwohl Claudes „Yak" am meisten abbekommen hat und ein „inniges Verhältnis" mit der hinteren Bordwand gehabt haben muss. „Wären wir nur mit dir gefahren!" resümiert Ralph, „das Kloster war sooooo interessant nun auch wieder nicht." Claude ist enttäuscht: „War das monastère ennuyeux, langweiliisch?"

Wenigstens hat die Rüttelei den Schaltwerken und Bremsen nichts ausgemacht – alles funktioniert, wie es soll. Zuerst aber müssen wir noch die herrlichen am Halteplatz weidenden Yaks bewundern und fotografieren, dann geht's gemeinsam in Richtung Nam La.

Kurz nach der Passhöhe auf 5.250 m machen wir Lunchpause an derselben Stelle, wo wir auch gestern schon pausiert hatten: Ein atemberaubender Blick auf Mt. Everest, Cho Oyu und Lhatse – das Große – und ein kleines plätscherndes Bergbächlein, das an manchen Stellen bizarre Eisformationen geschaffen hat, direkt vor unseren Füßen – das Kleine. Da es hier oben sowieso ziemlich kalt ist sitzt niemand auf der blauen PVC-Plane. Alle schlendern mit ihrem Teebecher oder einem Bissen zu essen herum, unterhalten sich, fotografieren „das Große" und „das Kleine" oder genießen die Stille an diesem Ort.

Der erste Teil der Passabfahrt ist „Genuss pur", und ich ärgere mich, dass ich einen steilen Trail „mit Kompression", der drei Serpentinen durchschneidet und gestern zumindest von unten sehr gut sichtbar war, verpasse. Ich bemerke es erst, als ich zurückschaue und gerade meine Begleiter aus der Kompression schanzen sehe. Vor allem Katrin macht es gekonnt und fliegt mindestens vier Meter weit! Für mich gilt: Pech gehabt, denn noch mal hinaufzufahren wäre den Begleitern und der Höhe nicht angemessen. Nach einem kleinen Gegenanstieg mit kurzer Pause auf der Kuppe und finaler Abfahrt auf der anderen Seite überqueren wir den Ra Chu und erreichen das Dorf Lungchang. Hier wie auch in vielen anderen Dörfern sind die Bauern gerade dabei, ihre geerntete Gerste auf großen gemeinschaftlichen Dreschplätzen zu dreschen. Altertümliche stationäre Dreschmaschinen schlagen mit Riesengetöse die Körner aus den Ähren. Durch

Windsichten mit einer Worfel oder einer engzinkigen Heugabel trennen die Bauern anschließend die Spreu von den Körnern. Die Körner schaufeln sie in Säcke.

Nach Lungchang beginnt eine so fürchterliche Wellblechpiste, dass alles, was wir fahrtechnisch bisher erlebt hatten, in den Schatten gestellt wird. Ich versuche den Schlaglöchern über Ödland, Kiesflächen und Sauergrasmatten rechts oder links auszuweichen. Vergeblich, denn auch dort stellen sich immer wieder Felsblöcke, hohe Sauergrasbüschel, Geröllhalden, Sumpfstücke oder Bachläufe in den Weg. Die Wellblechpiste ist so übel, dass wir große Teile der Strecke stehend auf dem Bike zurücklegen und in Tingri unsere Arme und unsere Schultern nicht mehr spüren. Wenigstens haben wir unsere Hinterteile geschont ...

Nach insgesamt 70 km und 650 Höhenmetern finden wir das im Reiseprogramm aufgeführte „einfache Gasthaus" problemlos am östlichen Ortsanfang (nicht weit weg von der Stelle, wo wir unser Camp am Vor-Vortag aufgeschlagen hatten) und sind positiv überrascht: Die Gebäude des „Snow-Leopard-Guest-House" sind wie bei einem Gutshof mit großer Toreinfahrt um einen großen Innenhof angeordnet, und wie bei einem Motel liegen die geräumigen und geschmackvoll eingerichteten Zimmer nebeneinander an der Südseite des größten Gebäudes mit Laubengang und jeweils eigener Veranda und eigenem Parkplatz. Ralph und ich laden das Tagesgepäck im Zimmer ab, hängen unsere verschwitzten Trikots über einen Stuhl und legen uns draußen erst mal in die Sonne und genießen die Ruhe. Nach dem Duschen ist noch einmal etwas Zeit zum Chillen, und ähnlich wie die Cowboys im Western „kippeln" wir auf unserem Holzstuhl leicht vor und zurück, wobei unsere Füße auf der Holzbrüstung ruhen. Es hätten nur noch die Cowboystiefel gefehlt!

Ob unsere Köche die Küche des Gasthauses oder ihre LKW-Küche benutzt haben, kann ich nicht mehr rekapitulieren, jedenfalls sind Abendessen und Frühstück richtig lecker gebrutzelt, heiß, vielseitig und ausgewogen. Nach dem Abendessen telefoniere ich nach Hause und spaziere anschließend mit Katrin und Claude durch das Südtor auf einen Aussichtspunkt am direkt dahinter liegenden Friendship Highway. Vor hier aus hat man einen unverstellten Blick auf Mt. Everest und Cho Oyu, die sich majestätisch und klar im rötlichen-violetten Licht der hereinbrechenden Nacht abzeichnen.

TONG LA ODER LALUNG LA?

Am nächsten Morgen scheint die Sonne von einem tiefblauen Himmel. Dazu ist es bitterkalt, und Raureif ziert die Yakweiden rechts und links des Friendship Highways.

Heute haben wir einen sehr langen, windigen und anspruchsvollen Pass vor uns. Als das Gespräch auf diesen Pass kommt, bin ich doch

etwas verwirrt, denn Claude, Tenzing und Sujan scheinen sich nicht richtig auszudrücken. Überqueren wir heute zwei Pässe gleicher Höhe? Erst so nach und nach wird mir klar, dass der „Tong La" (oder auch Thong La) und der Lalung La (24) identisch sind.

Wir kommen auf der „topfebenen" Hochebene auf einer nach wie vor ausgezeichneten Straße gut voran. Ganz in der Ferne türmt sich der völlig vergletscherte und daher schneeweiße Mt. Tsangla (6.495 m) auf. Er passt so oft aus unserem Blickfeld genau in die Mitte der Straße, dass es scheint, er würde uns wie „Kimme und Korn" (Straße und Tsangla) den Weg weisen.

Heute gibt es interessante Zwischenbeobachtungen: Kurz hinter Tsamda ein auf unerklärliche Weise „kopfüber" in ein Erdloch gestürzter SUV zum Beispiel. Die Motorhaube ist vollkommen im Erdloch verschwunden – Fahrgastzelle und Heck des anscheinend nagelneuen – auf jeden Fall toppgepflegten – Fahrzeugs ragen senk-

Tenzing darf auch mal posieren

recht in die Luft. Ein paar Kilometer weiter ist das Dorf Gurtso, wo wir anhalten und sofort von einem Haufen Kinder umringt werden. Doch nicht die Kinder, denen wir wieder etwas von unserer reichhaltigen Verpflegung abgeben, sind heute das Interessanteste, sondern ein Tibeter im besten Mannesalter, der einen abgeschlagenen Ziegenkopf verlegen hinter seinem Rücken verbirgt. Er traut sich irgendwo nicht, ihn uns oder den Kindern direkt zu zeigen, trotzdem sieht man ihm an, dass er stolz auf seine Trophäe ist und vielleicht auch – ein Stück weit – über sie identifiziert werden möchte. Immer wieder schleicht er um uns herum, drückt einen Mittelfinger zwischen Nackenhaut und Wirbelrest des blutigen Kopfes oder fasst ihn selbstsicher an einem Horn. Fast wieder liebevoll. Befremdlich …!

Bei Ximocun (kurz vor Sumdo) kommen wir an eine Abzweigung zur 258 Country Road. Sie wurde derartig großzügig asphaltiert, dass ein ebenes Straßendreieck entstanden ist. Ideal für unsere Mittagspause, sagte sich wohl unsere LKW-Verpflegungsmannschaft. Sie erwartet uns hier mit dem Lunch! So sitzen wir zunächst auf unserer blauen PVC-Plane oder direkt auf dem Asphalt, später schlendern Martin, Theo und ich ein paar Meter der abzweigenden Straße entlang und setzen uns mit baumelnden Beinen auf die betonierte Einfassung des Flusses Men Chu. Dort genießen wir den Nachtisch und schwätzen.

Nach einem Nickerchen in der warmen Mittagssonne geht's weiter – jetzt nicht mehr ganz so eben und leicht ansteigend. Rechts zweigt die Straße zum Yagu La und nach Betse in Daoban ab. Ich habe Ralph im Schlepptau. Die Steigung geht langsam spürbar an die Puste, dazu kommt, dass der Süd-Westwind, der am Vormittag noch ein laues Lüftchen war, nun in heftigen Böen an unseren Klamotten zerrt und versucht, uns umzuwerfen. Nachdem die Straße ein leichte Biegung nach rechts gemacht hat, kommt der Wind genau von links den Hang hinunter, und Ralph macht das einzig Richtige: Er fährt nach vorn, wechselt auf die linke, „falsche" Straßenseite und duckt sich im Windschatten der Stützmauer so tief es nur geht. Der schwache Verkehr auf dieser Passstraße erlaubt es. Ich kann zusätzlich noch Ralphs Windschatten nutzen. Nach vier oder fünf Serpentinen, in denen wir immer die Straßenseite wechseln, scheint die Passhöhe zu kommen. Doch so einfach macht es uns der Lalung La nicht. Erst kommt ein Zwischenplateau mit geringerer Steigung, dann wieder ein paar steile Serpentinen nach oben, und schließlich sehen wir genau in Windrichtung und bestimmt noch eineinhalb bis zwei Kilometer entfernt die beiden Masten, die wie bei den bisherigen Pässen das Passschild tragen.

Fast mit letzter Kraft erreichen wir die Passhöhe auf 5.050 m. Wir suchen erst mal eine Stelle, wo wir uns vor dem gnadenlosen Wind und der Kälte schützen können.

Um die Stahlseile, die die Masten am Boden verankern, um die Masten selbst und am Boden sind unzählige Gebetsfahnen ausgebreitet, die im Wind flattern. Sie ergeben eine Art „Unterteppich" für ebenso unzählige weiße Gebetsschals (Khatags), die um die Gebetsfahnen, die Stahlseile und aneinandergeknotet sind. Das Ganze ergibt

Tief unten Zelte in der Senke zwischen Lalung La und Thang La

einerseits eine schützende Barriere gegen den Wind und andererseits ein weiches Ruhekissen, auf dem wir die Ankunft der restlichen Gruppe abwarten wollen. Hygienische Einwände haben wir in dieser Situation nicht.

Langsam erreicht unser Puls wieder Ruhewerte; wir beginnen zu frieren und kuscheln uns noch tiefer in die Unmenge der Khatags. Tenzing kommt etwa zehn Minuten später, und bis die anderen kommen, vergeht noch eine geschlagene Stunde.

Und dann wird erst mal fotografiert! Die ganze Gruppe von rechts, von links, von vorne und von hinten, und vor allem Claude findet kein

Ende. Als wir dann endlich losfahren, schlottere ich am ganzen Körper und habe Angst, mich zu erkälten. Vor allem kommt jetzt erst einmal eine Abfahrt, die auch nicht gerade zum Wiederaufheizen des Körpers geeignet ist. Es sind aber nur 250 Höhenmeter, und nach wenigen Serpentinen sehen wir links neben der Straße in einer Senke unser kleines Camp aus aufgebauten „The-North-Face"-Zelten stehen. Ich atme auf. Noch mal Glück gehabt ...!

Nach 90 Kilometern und 820 Höhenmetern werden wir wie immer mit heißem Schwarztee und heißem Ananassaft empfangen – so aufgewärmt, haben wir sogar wieder Lust, die zwei Einzelgehöfte in der Senke zu besuchen und nach Yaks, Schafen, Blauschafen, Tus-Ateffel oder Ziegen zu suchen.

Nach Sonnenuntergang wird es in dieser Senke empfindlich kalt, und ich ziehe alles an, was irgendwie übereinander passt. Nach dem wie immer üppigen Abendessen verabschiedet sich unser tibetisches Team mit einer kleinen Feier von uns. Es gibt ein paar kurze Ansprachen, unter anderem von Sujan und Claude, Lieder (nur die Klampfe fehlt!), Kerzenlicht und einen leckeren Schokoladenkuchen. Nichtsahnend hatten wir vorher allerdings kräftig zugelangt, und so hat kaum einer noch Appetit auf den Kuchen.

Die kommende Nacht wird die schlimmste der ganzen Reise! Der in Kathmandu gekaufte Faserpelz-Innenschlafsack erfährt seine erste, wahrhafte Bewährungsprobe, die er nicht besteht. Der Reißverschluss reißt irgendwann nach dem hundertsten Stellungswechsel aus, und ab dann friere ich gottserbärmlich. Ich ziehe eine vierte Lage Klamotten an, zwei Socken übereinander, wickle mich in den Faserpelz und zusätzlich in Goretex-Jacken und Handtücher. Ich versuche mein vegetatives Nervensystem mit Schumann zu beruhigen und meine Muskeln mit isometrischen Übungen warmzuhalten. Vergeblich. Ich friere so sehr, dass an Schlaf nicht zu denken ist.

Am Morgen hat es etwa −10 °C, die Zelte sind mit einer millimeterdicken Eisschicht bedeckt. Raureif bedeckt die Yakweide und die Dächer der beiden Gehöfte. Heißes Waschwasser von Sujan und heißer Tee bringen die Lebensgeister wieder zurück.

Ein Pass noch, dann beginnt der längste Downhill der Welt

Katrin fährt als Erste los – ich betrachte noch eine Menge Männer am nahegelegenen Hof, die zwei Schafe schlachten wollen. Sie gehen nicht gerade zimperlich mit den Tieren um. Brutale Tierquälerei oder einfach anderer kultureller Hintergrund? Irgendwann muss ich mich abwenden und den anderen folgen, die sich bereits an die Bezwingung unseres letzten tibetischen Passes gemacht haben. Nach einigen hundert Metern überhole die Gruppe und wenig später auch Katrin, die sich gerade zum Fotografieren links „in die Büsche geschlagen" hat. Bis zur Passhöhe des Thang La (5.100 m), der zusammen mit dem Lalung La einen Doppelpass bildet, sind es immer noch einige Kilometer – immer wieder steigt und fällt die Steigung der Straße auf dieser klei-

nen Hochebene, und nach jeder Kuppe muss man erkennen, dass sich der Pass frühestens auf der nächsten Kuppe befindet. Auf der Passhöhe gibt es dann große Touristen-Informationstafeln. Eine zeigt ein Himalaya-Relief, das ich lange mit meiner Umgebung und in Gedanken mit der bisher gefahrenen Strecke vergleiche. Eine andere zeigt mannsgroße Fotos mit Berg-Ansichten, wie man sie auch in einem Touristenort in den Alpen finden könnte. Unvermeidlich – die tausendfach um die Masten des Pass-Schildes geschlungenen und über die Straße gespannten bunten Gebetsfahnen und die weißen Khatags.

Auf einem Gestell thronen riesige Gebetsmühlen, die vermutlich schon länger nicht mehr benutzt wurden: Einige der schönen Bronze-Mühlen sind umgefallen oder zur Seite gekippt.

Zwei Finnen zeigen sich sehr interessiert an unserer Bikereise und fragen mich regelrecht aus. Ich erfahre, dass es Diplomaten aus Kathmandu und Hobby-Biker sind.

Die Abfahrt! Der längste Downhill der Welt beginnt! Wir sind gespannt. Zunächst geht es – für tibetische Verhältnisse – ungewohnt steil und in vielen Serpentinen nach unten. Dann – nach kaum 500 Höhenmetern – beginnt ein langgestrecktes Hochtal, und die Steigung läuft langsam aus. War's das schon?

Wir genießen den Ausblick auf die prächtige Shishapangma (8.012 m). Es ist zwar herrlich sonnig und in windgeschützten Lagen auch warm – der Wind frischt jedoch immer mehr auf, kommt fast immer von vorne und macht das leichte Bergabrollen zu einer kräfteraubenden Angelegenheit. Insofern entscheiden unsere Begleiter im LKW richtig, dass sie den Lunch nicht irgendwo draußen vorbereiten, wo der Wind an der Plane zerrt und die Trinkbecher umwerfen könnte, sondern in einem „Kolonialwarenladen" mitten in Tsangdong, einem tibetischen Straßendorf.

Als wir dort ankommen, ist der Lunch schon fertig, und Sujan oder Gyatso haben sicher mit den Inhabern irgendeine Entlohnung für die Besetzung des Ladens vereinbart. Trotzdem beäugt uns die greise Familienobere" kritisch, murmelt unablässig irgendetwas und lässt immer wieder ihre Gebetsperlenkette durch die Finger gleiten. Sie trägt die tibetische Tracht mit dunklem Kleid, dreifach in Brauntönen quer gestreifter Schürze und Holzperlenschmuck. Ihr Gesicht ist sonnengegerbt, das schneeweiße, gescheitelte Haar reicht ihr bis auf die Schultern. Der Rest der Familie wirkt etwas kommunikativer, und es gelingt uns sogar, die junge Frau (vermutlich die Enkelin der alten und ebenfalls in tibetischer Tracht) nach dem Mittagessen dazu zu bewegen, uns das Weben mit dem Handwebstuhl zu demonstrieren, der in der Mitte des Ladens steht. Sie webt einige Reihen eines hochflorigen Teppichs aus Yakwolle. In Europa teuer verkaufte tibetische Handarbeit!

Als Zeichen der Gastfreundschaft bietet uns die Junge zum Schluss noch ein Gläschen Buttertee an: Heißes Wasser mit ranziger Butter und Salz. Ich versuche den Tee so schnell wie möglich herunterzuwürgen, was sich aber als schlechte Taktik herausstellt. Die freundliche tibetische Gastgeberin schenkt grundsätzlich nach jedem Schluck nach, und das Glas bleibt immer voll. Nach dem geschätzten dritten Glas bedeutet endlich Gyatso den beiden Gastgeberinnen, wir müssten nun aber dringend weiter, und ich bin endlich von dem grauenhaften Buttertee erlöst.

Der Wind wird immer stärker und macht den Downhill psychisch zu einem Uphill. Im Außenbezirk der Stadt Nyalam, die schon auf 3.750 m liegt, stoppt eine der obligatorischen Polizeikontrollen die Fahrt, und plötzlich ist die Gruppe geteilt! Einige sind ganz vorn, einige ganz hinten, und Theo ist ganz weg.

Wir versuchen ihn per Handy zu erreichen: Kein Netz. Wir fahren noch mal zurück hinter den Polizeiposten: Kein Theo. Einige von uns fahren sportlich nach vorn, um ihn eventuell einzuholen: Kein Theo.

Der Friendship Highway schlängelt sich in Form einer Umgehungsstraße in weitem Bogen an dem Hang, an den Nyalam gebaut ist, hinauf. Mit einer Spannbetonbrücke überquert er ein Seitental. Nach etwa zweieinhalb Kilometern führt er durch einen Kreisverkehr, in den auch ein kleiner Weg, der links aus der Oberstadt herausführt, mündet. Und wer steht da und versucht sich zu orientieren? Der verlorengegangene Sohn, Theo. Er hatte den steilen, für Kraftfahrzeuge unpassierbaren Weg durch die Innenstadt genommen.

Martin, Theo und ich fahren ein paar Meter weiter zu einem größeren Parkplatz neben der Straße, der vermutlich für wartende LKWs eingerichtet wurde. Hier warten Gyatso und Tshering mit dem Minibus. Da es ab hier nun wirklich lange bergab geht und Theo nach eigener Aussage kein guter Abfahrer ist, bedeuten wir Gyatso und Tshering, wir würden noch ein paar Kilometer weiterfahren und dann auf die Gruppe warten. Und fahren schnell, aber nicht rasend, eine nicht enden wollende Pass-Straße hinunter, die sich in eine tiefe Schlucht öffnet.

Nach ein paar Kilometern setzt zunächst leichter, dann immer stärkerer Regen ein, und da wir sowieso irgendwo auf die Gruppe warten wollten, finden wir ein altes, verfallenes Zollhäuschen neben dem Bhotekoshi River (Tibet-Fluss – in Nepal heißt er dann Sunkoshi und vor der Einmündung in den Ganges Koshi), wo wir uns unterstellen können.

Der Bus mit Tshering und Gyatso kommt bald – der Rest fehlt. Per SMS kommt heraus, dass Katrin, Ralph, Tenzing und Claude zwischen hier und Nyalam immer noch auf Theo warten – von Martin und mir wissen sie, dass wir vorne sind. Wir wundern uns sehr, das Gyatso, der doch Bescheid gewusst hatte und mit dem Bus HINTER dem jetzigen Wartepunkt (am Ortsende Nyalam) gestanden hatte, die Sachlage nicht geklärt hat. Bei mittlerweile strömendem Regen kommen sie bei uns an. Ich gebe meinen kleinen Tagesrucksack mit Kameras und Handy bei Gyatso ab und fahre Tenzing hinterher, der sich schon steil bergab ins Tal gestürzt hat.

Längst hat die mondartige Kargheit des tibetischen Hochlandes aufgehört. Wir fahren an Wasserfällen vorbei, die bei diesem sintflutartigen Regen die Straße überfluten – bei schönem Wetter sicher ein hinreißender Anblick. Rechts, tief unten in der Schlucht rauscht der noch junge, aber schon reißende Bhotekoshi-River, dessen Niveau wir in der nächsten halben Stunde noch erreichen müssen. Die Qualität der bis Nyalam so ausgezeichneten Straße verschlechtert sich, und mit Wasser gefüllte Schlaglöcher, Spurrinnen und Regenspalten erfordern unsere volle Aufmerksamkeit. Die Vegetation ist mittlerweile üppig und subtropisch wild – hin und wieder hängen vom Regen schwere Zweige in die Straße, so dass wir auch nach oben konzentriert sein müssen.

Sämtliche Abstellmöglichkeiten am rechten und linken Straßenrand sind mittlerweile durch parkende LKWs belegt, und ab etwa zehn Kilometer vor Zhangmu, der tibetischen Grenzstadt zu Nepal, stehen die LKWs dicht an dicht auf der rechten Straßenseite. Hier ist der Verkehr in beiden Richtungen fast zum Erliegen gekommen, und wir fahren auf der Gegenspur weiter nach Zhangmu. Wenn man die

Länge eines einzelnen LKWs schätzt und die 10.000 Meter durch diese Zahl teilt, kommt man auf etwa 500 bis 1.000 LKWs, die hier warten. Ich lasse mich aufklären, dass sie nicht etwa auf ihre Abfertigung an der Grenze warten. Sie dürfen nämlich die Grenze, die sich als nichts anderes als eine schmale Fußgängerbrücke („Friendship Bridge") herausstellen wird, gar nicht passieren. Sie warten viel eher darauf, auf einen Ausladeplatz vorgelassen zu werden, wo tibetische oder nepalesische Tagelöhner ihre Last übernehmen, zu Fuß über die Grenze tragen und auf der anderen Seite wieder einen neuen LKW beladen. Unser LKW darf offensichtlich vorbei und auf dem Parkplatz unseres Hotels in Zhangmu parken. In strömendem Regen fahren wir nach Zhangmu hinein. Das Städtchen drängt sich so dicht an den steilen Hang, dass seine Straßen fast ausschließlich mehr oder weniger steile Gefällstraßen sind. Auch der hier auslaufende Friendship Highway ist steil und nur zweispurig, so dass Parkplatz-Suchende sofort einen Stau hervorrufen. Die Passanten sind ein buntes Gemisch aus chinesischer Polizei, Tibetern, Nepalis, pilgernden Indern, Händlern, Trekkern, Prostituierten, vielen Hunden und Katzen usw. Die Gebäude sind größtenteils kleine Läden, Handy-Shops, Garküchen, Hotels und Karaoke-Bars.

Das Zentrum des Ortes liegt auf 2.350 m Höhe, seine Häuser verteilen sich auf über 300 Höhenmetern. Fast am unteren Stadtrand von Zhangmu liegt unser Hotel „Zhangmu" auf der rechten Straßenseite. Durch die extreme Hanglage hat es sechs Stockwerke nach unten und nur ein Stockwerk nach oben. Das heißt, wir alle müssen einige Treppen hinuntersteigen, um unsere Zimmer aufzusuchen und die regennassen Radklamotten gegen saubere und trockene einzutauschen.

Doch leider ist es noch nicht so weit. Aus unerfindlichen Gründen fehlt unser Minibus, und ohne Gyatso und „seine" bzw. unsere Reisepässe ist kein Einchecken möglich. Was tun?

Rechts neben dem Hotel befindet sich ein Restaurant, das Tenzing offenbar von früher kennt. Nur Martin, Tenzing und ich staken mit unseren nassen Radklamotten und unseren Bikeschuhen auf SPD-Platten hinein, setzen uns an einem Tisch auf die Holzstühle und bestellen jeweils einen Kaffee. Die anderen warten lieber in der Lobby des Hotels. Der Besitzer begrüßt uns überschwänglich, bringt uns den Kaffee und meint zu Tenzing, wir brauchten jetzt nicht zu bezahlen – wir würden ja heute Abend sowieso bei ihm essen. Er würde sich täuschen!

Endlich trifft auch der Minibus ein, und Katrin kommt, um uns zu holen. Einchecken, Zimmerbezug (Ralph und ich haben Zimmer 211 – es ist sauber und modern, und die sanitären Anlagen genügen westlichen Standards), duschen, stadtfein machen, WLAN in der Lobby nutzen und E-Mails checken, zum Abendessen ausgehen. Das Restaurant rechts neben dem Hotel ist brechend voll. Vor dem Restaurant wartende Leute, die Tische bestellt haben. Es wird nichts mit der Bezahlung unserer Schulden – wir kehren schräg gegenüber ein, wo ein großer und langer Tisch für unsere Gruppe hergerichtet wird.

Wir spendieren unserer Begleitmannschaft dieses letzte gemeinsame Essen. Die Tibeter werden morgen mit den beiden Fahrzeugen zurück zur Reiseorganisation und zu ihren Familien fahren. Noch einmal bedanken sich Sujan und Claude mit empathischen Reden für die hervorragende Zusammenarbeit, das freundliche Miteinander und die professionelle Durchführung der Biketour. Wir stoßen an mit einem großen Glas „Lhasa"-Bier. Das erste (und das letzte) in Tibet. Nach einem weiteren Bier schlafen wir herrlich in unseren schneeweißen Federbetten.

Trotz angeblichem „Downhill" waren es heute nur 520 Höhenmeter und 93 Kilometer.

Im Dezember 2016 werde ich von BAT erfahren und im Internet nachlesen, dass dieser Besuch Zhangmus, aber auch diese Biketour von Lhasa nach Kathmandu auf lange Zeit die letzte ihrer Art gewesen war: Ich zitiere: „Nach dem Erdbeben in 2015 bleibt der Grenzübergang Zhangmu/Kodari bis heute geschlossen. Die chinesischen Grenzstadt Zhangmu wurde nach dem Erdbeben vollständig evakuiert und ist bisher gesperrt. Die Bewohner wurden umgesiedelt. Es gibt keine Planung für Wiederaufbau der Bergstadt Zhangmu und Wiedereröffnung des Grenzüberganges nach Kodari. Es gilt als sehr wahrscheinlich, dass die Grenzstadt Zhangmu endgültig aufgegeben und der Grenzübergang Zhangmu/Kodari für immer geschlossen wird, da die Investitionen in den kommenden Jahren an die Stadt Kyirong und den Grenzübergang Kyirong/Rasuwa gehen werden.

Über Superlative: Was gibt es noch ausser dem Längsten, dem Höchsten, dem Grössten?

Auf unserem Downhill auf guter tibetischer „Schnellstraße" hatten wir hin und wieder 70 km/h auf dem Tachometer. Kurz nach dem

Thang La und kurz nach Nyalam. Für Mountainbiker ein passabler Wert, der ohne Tagesgepäck und ohne Regen sicher noch höher hätte ausfallen können. Rennräder fahren – nach meiner subjektiven Messung – ca. 15 – 20 % schneller. Die höchste Geschwindigkeit, die ich je erreicht habe, erlebte ich auf der Nordseite des Timmelsjochs: Man fährt von der Passhöhe drei oder vier Serpentinen hinunter, dann kommt ein langgezogenes, schnurgerades Kar mit sicher zwei oder drei Kilometern Länge. Noch vor dem Ende des Kars führt die Straße rechtwinklig nach links in einen Gegenanstieg zur Mautstation. Auf dem geraden Stück bin ich schon mehrfach 110 km/h gefahren – ich musste dabei vor allem auf etwaige Kuhfladen aufpassen. Rennradkollegen erzählten mir, sie seien dort und anderswo in den Alpen auch schon 115 km/h gefahren ...!

ÜBER DIE FREUNDSCHAFTSBRÜCKE ZUM „LETZTEN AUSWEG"

Am nächsten Morgen müssen wir früh aufstehen. Die Grenze (25) bei der „Friendship Bridge" ist nachts geschlossen und öffnet um 10 Uhr. Doch dann dürften bereits Hunderte von Touristen auf die Ausreise warten, und deshalb sollen wir so früh von Zhangmu wegfahren, dass wir gegen 9 Uhr an der Grenze sind.

Bis zur Grenze nach Nepal sind es etwa fünf Kilometer, die bergab bei subtropischen Temperaturen in wenigen Minuten bewältigt sind. Wieder ist die Straße nur einspurig befahrbar, da auch hier hunderte von LKWs auf die Entladung warten. Am Zollgebäude wartet bereits eine ansehnliche Menschenmenge, die bis 10 Uhr auf einige hundert Menschen anwachsen wird. Wir stellen uns mit unseren Mountainbikes irgendwo hinten an – eine geordnete Schlange gibt es nicht. Wir diskutieren und albern, suchen das Gespräch mit anderen Reisenden und beteiligen uns am Drängeln, nur eines tun wir nicht: Fotografieren. Das ist hier nämlich streng verboten, und bestimmt

sitzt irgendwo im Zollgebäude ein Grenzbeamter, der uns observiert. Wir winken unseren tibetischen Begleitern zu, die in einiger Entfernung auf nepalesische Träger warten, die unseren LKW entladen sollen.

Endlich, Punkt 10 Uhr, ein bemerkenswertes Schauspiel: Beamte und Beamtinnen in tadellos sitzenden Uniformen mit vielen Sternen auf den Schulterklappen, einige davon mit Kladden oder Holzkästen bewaffnet, tauchen wie aus dem Nichts auf und verschwinden im Zollgebäude. Kurz darauf öffnen sich zwei große Glastüren – über der einen steht „Entry", über der anderen „Departure". Die Drängelei wird größer, da einige bemerken, dass sie sich falsch angestellt haben.

Wir mit unseren Bikes brauchen nicht mehr zu drängeln. Wir werden geschubst und gestoßen und haben Mühe, beieinander zu bleiben. Nach etwa 30 Minuten befinden wir uns im Inneren des Zollgebäudes. Ein Zollbeamter winkt mich mitsamt meines Bikes in die rechte Reihe, was ich sofort tue; ein anderer herrscht mich an, in die vorherige Reihe zurückzuwechseln, und, da das in dem Gedränge nicht geht, mich einfach wieder ganz hinten anzustellen. Dass ich dieser Aufforderung nicht nachkomme, hat keine besonderen Konsequenzen, und so wie ich sind irgendwann alle durch. Gyatso hat uns vorher unsere Reisepässe ausgehändigt, ich habe als „Ältester" das Tibet-Sammelpermit bei mir. Wir treten aus dem Zollgebäude in die mittlerweile warme Mittagssonne und stehen direkt vor der „Brücke der sino-nepalesischen Freundschaft". Die Brücke ist durch ein festes Stahlgitter, das nur einzelne Personen durch ein kleines Tor durchlässt, verschlossen. Auf der Brücke stehen vier chinesische Soldaten in „Habacht-Stellung" und zwei mit Gewehr im Anschlag – ein martialisches Schauspiel. Noch wenige Meter, dann sind wir im nepalesischen Grenzort Kodari und atmen erst mal auf.

Doch zunächst müssen wir auf unser Gepäck warten, das nepalesische Trägerinnen und Träger über die Brücke schleppen müssen. Es ist jetzt kurz nach neun Uhr, denn durch die Zeitumstellung haben wir zwei Stunden gewonnen. Wir vertreiben uns die Zeit in einem Pub mit zwei Tassen Tee.

Doch es geht überraschend schnell! Unsere Begleitmannschaft besteht nur noch aus Sujan, Tenzing und dem Fahrer eines neuen, nepalesischen Kleinbusses, dessen Kennzeichen und Fenster mit orangenen Blüten festlich geschmückt sind. Nach etwa einer Stunde beim Tee im Pub berichtet uns Sujan, dass alles Gepäck im Kleinbus ist und wir losfahren können. Wir fahren ab jetzt links! Wir stürzen uns ins nepalesische Abenteuer. Und es ist ein Abenteuer!

Zunächst einmal die Enge in Kodari: Die bunt bemalten Omnibusse haben große Dachträger mit Holzlattung und Reling, auf denen sich Dutzende von „Reisenden mit kleinerem Geldbeutel" festklammern. Wie Trauben hängen überzählige Mitfahrer an den Türöffnun-

gen – die Busse haben keine Türen – und am Heck. Die LKWs und Busse kommen auf der schmalen Ortsdurchfahrt fast nicht aneinander vorbei, und manchmal ist es Millimeterarbeit, die Bikes zwischen den keinen Millimeter zurückweichenden Fahrzeugen durch die dieselrußgeschwängerte Luft zu steuern. Dann liegen unzählige Tiere mitten auf der Straße: Hunde, Katzen, Ziegen, mitunter ein schwarzes Rind. Von ihren Exkrementen und vom Müll ganz zu schweigen! Doch als wir Kodari verlassen wird es nicht besser. Der in Kodari als Fortsetzung des „Friendship Highway" beginnende „Ar(a)niko Highway" verdient diesen Namen nicht: Er ist größtenteils eine weder asphaltierte noch geschotterte Naturstraße, von Wasserläufen durchschnitten und schlängelt sich ohne irgendwelche Sicherheitseinrichtungen am Rande einer Schlucht hinunter, auf deren Grund der

Bhotekoshi (River) braust. Er hat tückische Schlammlöcher und ist von weichen Schlammspuren durchzogen; hin und wieder liegen Felsbrocken in der Fahrbahn. Uns ist schleierhaft, wie da Waren, die die auf der tibetischen Seite wartenden LKWs geladen hatten, hier hinunter kommen sollen. Uns ist schleierhaft, wie hier Reisebusse hinauf oder hinunter fahren wollen, und vor allem, wie sie die Begegnung mit großen Sattelschleppern auf der auf langen Abschnitten einspurigen Straße meistern. Ganz zu schweigen von den Passagieren auf dem Dach, die sich an nichts anderem als der Holzlattung, der Reling oder dem Nebenmann festhalten können.

Doch wir sitzen auf unseren Mountainbikes und damit auf den idealen Verkehrsmitteln für derartiges Terrain. Wir durchqueren arme nepalesische Dörfer, deren Häuser am Hang klebende Wellblech-, Holz-, Laub- und sogar Kartonhütten sind. Wir geben acht auf verträumt wirkende Kinder, „gaanscha"- (= Marihuana) rauchende Erwachsene, herumstreunende Enten, Hühner, Ziegen und Hunde. Auf den Bäumen und am Straßenrand warten Makaken auf irgendeine fütternde Hand.

An einer Hängebrücke über die Bhotekoshi-Schlucht halten wir an. Wir schieben unsere Bikes über die schwankende Brücke zum „Last Resort" auf der anderen Seite. 160 Meter unter uns der Bhotekoshi River. Hier heißt er noch Bhotekoshi, wird aber wenige Kilometer weiter ab Barhabise, schon vor Vereinigung mit dem Indrawati aus einem Seitental, diesen Namen verloren haben. Ab Barhabise heißt er dann Sunkoshi (River). Trägerinnen und Träger entladen wenig später den nepalesischen Begleitbus und bringen uns unser Gepäck über die Brücke. Mit 25 Kilometern und 96 Höhenmetern war dies eine der kürzesten Etappen der ganzen Reise.

BUNGEE JUMPING IM LAST RESORT

Auf der anderen Seite der Hängebrücke werden wir mit eisgekühltem Fruchtsaft ehrerbietig empfangen. Für unsere Gruppe sind drei

hausartige Zelte mit zweckmäßiger Einrichtung reserviert – Ralph und ich beziehen Zelt Nummer eins. Neben den Schlafzelten gibt es einen modernen Restaurant-Pavillon, Schulungspavillons, Sanitärpavillons, einige Grillstellen und viel, viel Grün. Hier wachsen Sal-Bäume, aus deren rötlich-braunem Hartholz die prachtvollen Fenster und Türen der Paläste in den Königsstädten geschnitzt wurden, Banya-Bäume mit hängenden Wurzeln, Orchideen, Mimosen, Magnolien, Rhododendren und Jasmin. Hier flattern farbenprächtige Vögel von Baum zu Baum, und hin und wieder kreischt ein Affe in der Ferne. Wir sind umgeben von subtropischer Natur.

Zum Mittagessen gibt es Spaghetti Bolognese wie „beim Italiener um die Ecke", zum Nachtisch eine Mango und als Getränk ein Bier. Der chinesische Einfluss ist nicht mehr zu spüren.

Subtropisches Ambiente im „Last Resort"

Schon auf der Fahrt von Zhangmu hierher, dann wieder während des Mittagessens, erwähnt Tenzing, dass es einer seiner größten Wünsche wäre, genau hier einen Bungee-Sprung zu wagen. Nur: „It's too expensive for me ..."

Wir erkundigen uns und erfahren, dass ein Sprung am Gummiseil von der Brücke 4.100 Rupien, also ungefähr 33 Euro, kostet. Was für ein günstiger Preis für einen so großen Wunsch! Wir sammeln unter uns und haben im Nu die erforderliche Summe beieinander. Im Schulungspavillon muss sich Tenzing gemeinsam mit etwa 20 weiteren Wagemutigen einer Schulung unterziehen: Wartepositionen auf der Hängebrücke, Befestigung der Gummiseile, Sprungkommando, Sprungtechnik, Körperhaltung, Ausschwingen, Zurückgeholt-Werden auf die Brücke, Lösen der Seile usw. Tenzing ist einer der Letzten aus Gruppe 2, die heute springen – wir müssen uns also aufs Warten einstellen. Ich verspreche Tenzing, ihn zu fotografieren und zu filmen.

Mittlerweile regnet es wieder – es ist der obligatorische, tägliche subtropische Steigungsregen im Südstau des Himalayas. Der warme Regen verdampft zum Teil sofort und erzeugt einen feinen Nebel über dem Tal. Kein ideales Fotografierwetter. Die ersten Bungee-Jumper haben infolgedessen nur sehr mäßige Fotos und Filmsequenzen von sich und ihrem Sprung.

Dann macht der Regen eine Pause, und die Fotografen, die sich fast alle auf einer Aussichtsplattform neben der Brücke postiert haben, atmen auf und klappen die Regenschirme über den Kameras zu. Nur Tenzing ist nicht bei denen, die jetzt im (fast) Trockenen springen.

Nach gut zwei Stunden Wartezeit geht meine Aufmerksamkeit etwas verloren. Regen tropft erneut auf das dichte Laubdach über der Aussichtsplattform und auf die Regenschirme. Bei mittlerweile „bindfadenartigem" Regen verpasse ich den Absprung von Tenzing. Sehe ihn nur noch in weitem Bogen nach unten fallen, einen Urschrei der „Erlösung" von sich gebend. Dann schnellt er am Gummiseil noch zweimal nach oben – das war's. Nur eine ganz kurze, viel zu spät beginnende Filmsequenz und ganz wenige Bilder – ich bin über mich selbst enttäuscht. Natürlich gibt es professionelle Filmaufnahmen von jedem Bungee-Jumper, die man hinterher kaufen kann – es hilft nichts, wir müssen Tenzing auch das spendieren.

Gegen Abend klärt sich der Himmel wieder auf, und wir genießen das Relaxing auf den Liegestühlen vor den Zelten. Lesen, Tagebuch schreiben, Sudokus lösen, schwätzen. Vögel zwitschern, in der Ferne kreischen Affen. Ein leckerer Cocktail steht auf dem Boden neben dem Liegestuhl.

Dashain und der Erdrutsch am Sunkoshi

Am nächsten Tag schieben wir unsere Bikes wieder über die Hängebrücke zum Ar(a)niko Highway. Wir verharren kurz auf der

Nicht alle schieben ...

Absprungplattform in der Mitte. Ein letzter Blick in die Tiefe, und mancher mag sich die Frage stellen: Wäre das auch etwas für mich und mein Ego gewesen?

Die unasphaltierte und ruppige Naturstraße setzt sich fort. Rechts und links der Straße bietet sich ein ähnliches Bild wie gestern: Winzige Stein-, Wellblech-, Holz- und Laubhütten (aus großen Palmwedeln) säumen die Straße. Unzählige Nepalesen sitzen in Plastikstühlen vor ihren Hütten und sehen gelangweilt unserem losen Bikerverband nach. Eigentlich müssten sie ja, so wie ihre Hütten aussehen, den Passanten etwas verkaufen wollen. Aber sie haben dummerweise fast alle dasselbe Angebot: Coco Cola in Dosen, Mt.-Everest-Bier in Dosen, Kaugummis und Knabbersachen. Ich überschlage, wie viele Rupien sie auf diese Weise an einem Tag verdienen mögen …

Einen Unterschied gibt es doch zu gestern: Wegen des schon seit Tagen gefeierten größten Festes des Jahres, des 15 Tage andauernden Dashain-Festes (26), sind heute viele Menschen in ausgesprochener Festlaune. Vor allem die Mädchen sind in grellbunten „Cocktailkleidern" festlich gekleidet und tragen teilweise Lackschuhe, andere Nepalis haben zumindest bessere und sauberere Kleidung als gestern an. Wieder andere Nepalis sind in schmutzig-blutige Kleidung gehüllt und mit dem Schlachten beschäftigt: Alle zwei bis drei Kilometer, manchmal dicht an dicht, sehen wir heute Schlachtungen auf offener Straße. Es werden schwarze Rinder, Ziegen und Schafe geschlachtet. Aber wie! Die Art und Weise schockiert uns alle zutiefst – bis auf Tenzing und Yakman, die das blutige Treiben etwas gelassener sehen. Um schwache Gemüter nicht zu schockieren, ist die Art der Schlachtung im Anhang beschrieben – so kann man sich die genaueren Ausführungen auch sparen, wenn man möchte (27).

Wir fahren weiter nach Barhabise. Die quirlige und durch das Dashain-Fest besonders geschäftige Stadt bezeichnet das Ende des langen Downhills – man könnte hier auch einige Stunden mit dem Besuch der unzähligen Läden längs der Hauptstraße zubringen. Auffallend viele Menschen sind mit Handgepäck und großen Ballen, die sie auf dem Kopf tragen, in der gleichen Richtung wie wir unterwegs. Wir sollten in wenigen Minuten erfahren, warum.

Wir verlassen die Stadt inmitten der sich bewegenden Menschenmasse in südlicher Richtung. Direkt neben uns fließt als „alter Freund" mit neuem Namen, nunmehr breit und fast träge, der Sunkoshi. An einem kleinen Hügel mit abgesicherter Aussichtsplattform halten wir an und stellen unsere MTBs ab. Oben auf dem Hügel erklärt Sujan den Grund der „Völkerwanderung": Im August (2.8.2014) hatte sich hier am Sunkoshi nach langen Monsun-Regenfällen ein riesiger Erdrutsch mit begleitendem Felssturz ereignet und das Dörfchen Mankha mit über 30 Häusern vollständig unter sich begraben. Dutzende Menschen waren ums Leben gekommen, über

hundert werden heute noch vermisst. Viele Tausend Kubikmeter Felsen, Steine und Erde waren in den Sunkoshi gestürzt und hatten ihn auf mehr als zwei Kilometern Länge aufgestaut – der See soll über 20 Meter tief gewesen sein. Mit einer kontrollierten Sprengung hatte man der weiteren Aufstauung des Sunkoshi und weiteren Opfern entgegenwirken wollen, was – Durga sei Dank – auch geglückt sei. Doch nun ist der Ar(a)niko Highway an dieser Stelle auf lange Zeit unterbrochen, und sämtliches Gepäck und sämtliche Fracht muss von Trägerinnen und Trägern über den Erdrutsch getragen werden.

Ein PKW- und LKW-Stau kündigt den Beginn des Erdrutsches an. Auch unser neuer (jetzt wissen wir es: Wegen des Dashain-Festes) blumengeschmückter Minibus muss anhalten und beendet hier seine Fahrt. Wir dürfen beim Ausladen nicht helfen. Das Ausladen sowie den Transport über den Erdrutsch erledigen luftig gekleidete Träge-

Theo und Martin müssen schieben ...

rinnen und Träger, meist in alten und teilweise fast zerrissenen Kunststoff-Badesandalen. Sie tragen die Last über die Schultern gehängt, auf dem Kopf oder so, dass die Henkel der Taschen wie Stirnriemen funktionieren.

Der Weg über den Erdrutsch ist zunächst ein ausgetretener Weg, dann schwieriger Singletrail über Felsbrocken und eingeschnittene Bachläufe, dann wieder sehr eng und ausgesetzt zwischen Berghang und Sunkoshi-Stausee. Man muss sehr auf die anderen Passanten achten – viele dürften Tagelöhner sein und hasten mutig über Geröll und Schlamm.

Auf der anderen Seite erwartet uns schon ein neuer Bus – erneut blumengeschmückt und mit neuem Fahrer. Unser Gepäck und die BAT-Bike-Kartons werden eingeladen, dann kann's weitergehen.

Wir fahren auf dem immer wieder schattigen und mittlerweile asphaltierten Ar(a)niko Highway am Sunkoshi entlang. In den kleineren Dörfern arbeitet heute niemand, allenfalls versucht man, uns Getränke in Dosen (Coca Cola und Mt.-Everest-Bier) anzubieten. In den Kleinstädten, die wir durchqueren, herrscht hektisches Treiben. Große und kleine Busse rangieren, und wir müssen immer wieder anhalten, um die dickköpfigen Busfahrer, die um nichts in der Welt einem westlichen Radler die Vorfahrt gewähren würden, direkt vor unserer Nase zum Wenden in irgendeine Hofeinfahrt zurückstoßen zu lassen. Einige der hier durchfahrenden Busse tragen das Ziel „Barhabise" in lateinischer Schrift an der Frontscheibe – bei den meisten kann man das Ziel jedoch nicht wissen, da fast alles in Sanskrit geschrieben ist. Jedenfalls haben die Busfahrer und die Passagiere noch einiges vor sich!

Über einen kleinen Talpass fahren wir weiter in die Kleinstadt Dolalghat (2.200 Einwohner), wo der Indrawati in den Sunkoshi mündet und wir die Flussseite wechseln. Der Kleinbus parkt einfach mitten auf der Brücke über den Fluss – es ist Mittagszeit. Sujan, der neue Fahrer und wir Biker essen auf der für uns hergerichteten „Dachterrasse" eines kleinen Restaurants direkt hinter der Brücke zu Mittag. Auf zwei tiefer gelegenen Balkonen speisen die Nepalesen, die ja heute Feiertag haben. Sujan bezahlt das Gemeinschaftsessen aus der BAT-Kasse. Der Betreiber einer Garküche, die sich im Erdgeschoss befindet, passt auf unsere Bikes auf.

In Dolalghat verlässt der Ar(a)niko Highway das Sunkoshi-Tal und führt in das kleine Chakhola-Nebental. Die Straße steigt leicht an, überquert eine fruchtbare Ebene bei Chantara und wird danach steiler: Die einzige ernsthafte Steigung des Tages von Panchkhal bis zur Passhöhe in der Kleinstadt Dhulikhel liegt vor uns. Ich fahre wieder mein Tempo, und ehe ich mich versehe, bin ich schon wieder allein. Ich begegne einem Kleinbus, der sich gerade eben überschlagen haben muss und mit sich noch leicht drehenden Rädern mit dem Dach nach unten halb über dem Abgrund hängt. Heftig gestikulierende und schimpfende Menschen stehen daneben – sie sind einem schweren Unfall offensichtlich gerade noch entronnen. Immer wieder öffnet sich der Blick auf neue, sauber angelegte und penibel bewässerte Reisterrassen, die hellgrün aus dem Dunkelgrün der Wälder, dem Blau des Himmels und dem Weiß der Himalaya-Berggipfel hervorstechen. Etwas weiter oben warte ich, vermute eine Panne bei den anderen, fahre dann doch wieder ein Stück weiter und schraube mich dabei immer höher in Richtung Dhulikhel, dem heutigen Etappenziel. Auf einer kleinen Aussichtsterrasse, auf der sich mehrere Dashainfeiernde Familien getroffen haben, halte ich an. Zwischen 4 langen gekreuzten Bambusrohren ist eine riesige Schaukel montiert, auf der abwechselnd Kinder, aber auch junge Erwachsene an Kokos-Seilen schaukeln. Die Jungen und Mädchen haben auch hier Festtagsgewänder an. Es gibt eine richtige Warteschlange fürs Schaukeln, und so haben die Wartenden Gelegenheit, den seltsamen Mountainbiker am Straßenrand aufmerksam zu mustern. Ich versuche zunächst auf Englisch, dann mit Gesten mit den neugierigen Kindern zu kommunizieren. Es klappt nur leidlich – trotzdem haben wir alle unseren Spaß an der fremd klingenden Sprache und am „Spielzeug" der jeweils anderen Kultur.

Ich hege Zweifel, ob meine Begleiter noch kommen, und fahre zurück, den Hang wieder ein Stück hinunter. Da kommt meine Gruppe hinaufgefahren! Nach einer Reifenpanne haben sie, da nun die Fahrzeit „eh' egal war", einen Chiya (Milchtee) in einer Teeküche am Straßenrand getrunken.

Wenig später sind wir in Dhulikhel. Wir haben 67 Kilometer und 1.220 Höhenmeter zurückgelegt – 200 Höhenmeter mehr als im Reiseprogramm beschrieben.

Von Dhulikhel nach Bhaktapur

In etwa 1.550 m Meereshöhe bedeckt die Kleinstadt Dhulikhel eine Bergkuppe, auf deren höchstem Punkt sich der Ar(a)niko Highway gabelt. Wir fahren rechts wieder steil hinunter zum Dhulikhel Lodge Resort, einem hübschen und schön gelegenen Hotel mit „Wahnsinns-

aussicht" auf den Himalaya. Unsere Appartements sind in Terrassen in Richtung Norden (Himalaya) gestaffelt – dort genießen wir noch ein bisschen Nachmittagssonne auf den Pergolen. Die gesamte Anlage wirkt von innen und von außen sehr gepflegt – es gibt Stoffservietten, saubere Tischdecken, vernünftiges Besteck, Wein in Kristallgläsern, ein Salatbüffet, eine aufmerksame Bedienung und ein ***- Abendessen. Wir sind alle sehr angetan.

Dhulikhel scheint ziemlich groß zu sein. Nach dem Start bei frühlingshaften Temperaturen führt unsere Straße immer wieder leicht bergab und bergauf durch verschiedene Vororte von Dhulikhel. Wir kommen recht schnell voran und stören uns nur an den ungefilterten Dieselabgasen im immer mehr zunehmenden Verkehr in Richtung Kathmandu.

Auch die Besiedelung – besser noch: ZERsiedelung – nimmt immer mehr zu. Dorf reiht sich an Kleinstadt, Kleinstadt reiht sich an Vorstadt. Bei Banepa fahren wir über einen kleinen Pass, der die Grenze zum Distrikt Bhaktapur anzeigt, und hier passiert der fünfte Unfall auf der Reise: Ein Motorradfahrer mit Beifahrer kommt viel zu schnell die Serpentinen hinaufgeschossen und merkt zu spät, dass die oberste Kurve vor der Passhöhe „zumacht". Er schmiert, ohne zu schleudern, einfach ab und rutscht quer über die ganze Straße – nur wenige Meter von meinem Vorderrad entfernt – in das kleine Waldstück neben der Straße. Fahrer und Beifahrer haben keine Leder-Kombis oder Ähnliches und sind ziemlich verschrammt. Sie wollen sich aber vor uns keine Blöße geben, befreien sich aus dem Gebüsch, wanken wie geschlagene Hunde zu ihrem Motorrad, das ein paar Meter weiter liegengeblieben ist, und schieben es die paar Meter hoch bis zur Passhöhe. Das war knapp!

Gleich hinter der Stelle des Unfalls steht auf einer kleinen Anhöhe nicht weit weg von der Straße die größte Shiva-Statue der Welt. Mit einem hohlen Korpus aus Stahlbeton und einer Außenhaut aus Messing ist sie 144 Fuß, also 44 Meter hoch. Die „Kailashnath Mahadev Statue" wurde zwischen 2004 und 2011 gebaut undüberblickt das gesamte Bhaktapur- Tal. Wir gönnen ihr einen kurzen Foto-Stopp.

Wenig später kommen wir in die Außenbezirke der früheren Königsstadt Bhaktapur (28). Sie wird hauptsächlich von Newar (29) bewohnt, einer traditionell Handel treibenden Ethnie. In Kwachhe Tol/Jagati halten wir an, werden kurz von Tenzing eingewiesen und fahren im Schritttempo vor zum östlichen Stadttor der historischen Innenstadt. An einem Kassenhäuschen am Stadttor bei Chaymasing löst Tenzing die Eintrittskarten – 7 mal 1.500 Rupien. Dann schieben wir unsere Bikes durch die quirlige Taulachhen Marg, wo uns gleich die verschiedensten Gerüche von Räucherstäbchen, Seifen, Gewürzen, Tee und Garküchen in die Nase stechen, vorbei am Hindutempel Dhwakasi Ganesh Mandir, an der Namobuddha Thanka Painting School und am Vakupati-Narayan-Tempel bis auf den Dattatreya Square, wo wir unsere Bikes unter der Obhut Tenzings an einem Mäuerchen abstellen.

Zuerst besichtigen wir den dreigeschossigen Dattatreya-Tempel. Das Sanskrit-Wort bedeutet „dreifach begabt", was sich auf die drei Götter Brahma, Vishnu und Shiva bezieht. König Yaksha Malla soll den Holzbau, der angeblich aus einem einzigen Sal-Baum gesägt und geschnitzt wurde, im Jahre 1427 ursprünglich als Versammlungs- und Raststätte geplant haben. Im Westen des Platzes steht der zweigeschossige Bhimsen-Tempel, der dem wegen seiner Kraft populären Gott Bhimasena geweiht ist. Direkt hinter dem Bhimsen-Tempel erstreckt sich hinter der niedrigen Schutzmauer, an die wir unsere Bikes gelehnt haben, eine Brunnenanlage. Auch jetzt, in diesem Moment, sind einige Männer damit beschäftigt, sich gründlich reinzuwaschen. Das Wort ist interpretierbar ...

Durch eine enge und stark frequentierte Gasse, die Goal Madhi, gelangen wir zum Durbar Square (30), einem UNESCO-Weltkultur-

erbe. Was linkerhand zunächst wie ein Museum oder Palastflügel mit leicht erhöhtem Arkadengang aussieht, ist das Palace Restaurant Bhaktapur. Im ersten Stock speisen die Menschen, denen mehr an der tollen Aussicht als am Service und am Geschmack gelegen ist – das Restaurant hat ziemlich schlechte Kritiken. Auf den Treppenstufen der Arkaden im Erdgeschoss haben sich Touristen, Sadhus (31), vom Einkaufen ermüdete Newar, Kinder und Jugendliche niedergelassen. Auch wir finden ein schattiges Plätzchen und ruhen uns ein bisschen aus.

Vollkommen schattenlos erstreckt sich vor uns der gesamte Durbar Square: Geradeaus der Königspalast mit dem goldenen Tor und dem Taleju-Tempel, etwas weiter links der Vatsala Devi Tempel. Wir beschließen, „individuell" zu besichtigen, damit diejenigen, die die Sonne nicht vertragen oder weniger Interesse haben, im Schatten sitzenbleiben können.

Zuerst gehe ich die paar Schritte bis zum Vatsala Devi Tempel. Vatsala Devi ist eine Erscheinungsform von Durga. Jeweils zwei

Newar mit Haustier, zwei Pferde, zwei Nashörner, zwei Löwen in Menschengestalt und zwei Kamele flankieren die Treppe hinauf zu dem aus hellen Steinen gemauerten Bau. Die Treppe ist von den Touristen derartig frequentiert, dass ich Mühe habe, ein Foto OHNE Menschen zu machen.

Durch das Goldene Tor, über dem die vierköpfige und zehnarmige Taleju (Taleju ist Schutzgöttin der Malla-Herrscher und ebenfalls eine Erscheinungsform von Durga) thront, kommt man in den Königspalast, den Mulchok Court und den Taleju-Tempel. Vorausgesetzt, man hat eine Eintrittskarte und ist Hindu. Da ich beides nicht vorweisen kann, gehe ich an den gestrengen Wachsoldaten vorbei zu dem rechteckigen Brunnen Nag Pokhari. Er hat grünlich veraltges Wasser und Wasserpest an der Oberfläche. Um das Wasserbecken herum wurden aus Ziegelsteinen Terrassen angelegt sowie Treppen von Terrasse zu Terrasse. Aus der Mitte der Wasseroberfläche erhebt sich eine geschuppte Bronzesäule mit einer riesigen Kobra an der Spitze – sie soll den Brunnen vor nicht legitimierten Eindringlingen schützen.

Sehenswert wäre auch noch der „55-Fenster-Palast" hier, der Nyatapola-Tempel am nahen Taumadhi Square mit einem 30 m hohen Pagodendach sowie etliche weitere Tempel – ich gehe jedoch zurück zu den Freunden unter den Arkaden. Gemeinsam machen wir uns auf den Rückweg zu Tenzing und unseren Bikes.

Auf einem kleinen Platz neben der Goal Madhi sehen wir einen LKW-Fahrer mitsamt seiner Familie, der seinen LKW „festlich" geschmückt hat: Gelbe Blüten – es dürften Tagetes sein – weiße und gelbe Baumwollschnüre, mehrere Schälchen mit Reis und roter Farbe, Räucherstäbchen und sehr viel Blut, das über die Motorhaube und über die Räder gespritzt wurde. Waren wir auf der Abfahrt von Kodari noch der Meinung, einen der ersten Tage des Dashain-Festes zu erleben, so erweist sich das hier als vermutlich falsch: Am neunten Tag „Navami" findet laut Festvorschrift nämlich eine Massenschlachtung statt, einzig zu dem Zweck, das Blut der Opfertiere über die Fahrzeuge zu spritzen, damit diese ein weiteres Jahr vor allem Bösen geschützt würden. So gesehen dürfte also heute bereits der neunte oder zehnte Tag von Dashain sein.

Durch die meist festlich gekleidete Menschenmenge schlendern wir zurück zu unseren Bikes an der Brunnenanlage und erlösen unseren armen Tenzing von seinen Wachdiensten. Er sagt uns, wo's lang geht: Erneut durch die Goal Madhi zum Durbar Square, wo er uns einiges über seine Geschichte erzählen wird. Also wieder zurück! Oder vor – wie man will.

Wir setzen uns ein zweites Mal unter die Arkaden des Palace Restaurants und lauschen Tenzings Ausführungen. Immer wieder kommen Kinder und junge Männer vorbei, die sich brennend für unsere Fahrzeuge interessieren. Sie wollen alles wissen über Schaltung, Bremsen, Federung, Leichtgängigkeit der Laufräder und so weiter. Besonders interessiert sind sie an meiner roten Mini-Filmkamera, die auf dem Lenker montiert ist. Zwei oder drei Kinder sind besonders keck und fragen, ob sie eine Probefahrt machen dürfen. Zunächst erlauben wir das und rennen zur Sicherheit (und auch, um sie nicht noch kurz vor Ende der Reise zu verlieren) den Kindern auf unseren Bikes hinterher. Sie werden aber immer kecker, so dass wir schließlich den schmollenden Kindern das Herumfingern an unseren Bikes ganz verbieten müssen.

Nach einem meiner Meinung nach viel zu kurzen Aufenthalt in der geschichtsträchtigsten und sagenumwobenen Stadt Nepalsverlassen wir die Innenstadt in südwestlicher Richtung und treffen alsbald auf Sujan und unseren Kleinbus-Fahrer. Heute weiß ich, dass wir einige der letzten waren, die vor dem verheerenden Erdbeben vom 25. April 2015 die Stadt noch in dieser Schönheit erleben durften. So wurden viele der Gebäude und Tempel um den Durbar Square teilweise, einige sogar komplett zerstört; das Gleiche gilt für den Dattatreya Square und seine Tempel und für die ganze Stadt, die es sogar schlimmer getroffen hat als Kathmandu. Ich sage mir, dass es heute ein besonders „nachhallendes" Erlebnis ist, den Zauber dieser Stadt mit Hilfe meiner Tagebuch-Aufzeichnungen sowie den Foto-und Filmsequenzen während des Schreibens dieses Buches noch einmal aufleben zu lassen ...

Beim Bus versorgen wir uns mit Getränken und nehmen den letzten Teil unserer Bikereise in Angriff.

DIE LETZTEN KILOMETER: AUF NACH KATHMANDU!

Wir fahren wieder auf dem Ar(a)niko Highway. Bhaktapur geht ohne sichtbare Stadtgrenze in Madhyapur Thimi und die Außen-bezirke von Kathmandu über. Die Straße wird vierspurig, und da es keine Radwege gibt, ist es für einen Festland-Europäer erst recht fremdartig, auf der linken Seite einer vierspurigen Straße zu fahren. Da diese Straße aber viele Kreuzungen, zum Teil mit Ampelregelung, hat, fahren die Autos nicht wirklich schnell, und wir fühlen uns einigermaßen sicher, zumal wir auch hin und wieder eine Fahrrad-Rikscha überholen. Der Flughafen Tribhuvan kündigt sich durch tief über unseren Köpfen hinwegdonnernde Passagier-maschinen an, kurz darauf passieren wir auf der Madan Bhandari Road das streng eingezäunte und bewachte Flughafen-Areal. Über die Bhadrakali Marg kommen wir zu einem imposanten Kreisverkehr, in dessen Mitte das markante Shahid Gate (32) steht.

Wir fahren an einem Taxi-Stand vorbei, auf dem Dutzende von Tuk-Tuks (33) und Fahrrad-Rikschas auf Kundschaft warten. Wenig später sind wir in Thamel und im Innenhof unseres bekannten „Kathmandu Thamel Marshyangdi Hotel". Die Securities am Portal erkennen uns wieder und begrüßen uns freundlich. Wir stellen unsere Bikes im Innenhof ab und erfrischen uns erst einmal mit einem Fruchtsaft in der Lobby des Hotels. Heute waren es 41 km und 186 Höhenmeter. Namasté!

Ich teile mir wieder mit Ralph ein Zimmer – danach besichtigen wir erneut Thamel. Es ist zwar Nachmittag, aber wir haben heute nicht zu Mittag gegessen, und unsere Mägen knurren. Daher suchen wir erst einmal ein ansprechendes Restaurant. Die Bikes lassen wir gut bewacht im Hotel-Innenhof zurück.

„Hallo Mister, wollen Sie kaufen?" fragt eine bekannte Stimme in der Chaksibari Marg direkt vor dem Hotel. Immer noch offeriert er nepalesische Flöten und CDs mit Flötenmusik, und schon wieder vertröste ich ihn auf später.

Am Abend, als es wie immer in den Tropen und Subtropen sehr schnell dunkel geworden ist, holt uns Sujan zu einem „nepalesischen Abend" ab. Ausnahmsweise zu Fuß! Katrin und Yakman wissen, was auf sie zukommt, und haben Stirnlampen dabei. Wir anderen sind eher amüsiert, werden aber schnell unsere Meinung ändern!

So lange die Straßen einigermaßen beleuchtet sind, marschieren wir nebeneinander und angeregt quatschend aus dem quirligen Thamel heraus, überqueren einige Hauptstraßen und finden uns in dunklen, kaum beleuchteten Gassen wieder. Da geht auch noch das Licht aus! Stromausfall, wie so oft abends in Kathmandu! Nachdem der erste von uns ein tiefes, mit Regenwasser gefülltes Schlagloch so genau getroffen hat, dass er bis zu den Waden im Regenwasser versinkt, und nachdem einer von uns an einer zu dick asphaltierten Bodenwelle stolpert und beinahe zu Boden geht, gehen wir diszipliniert im Gänsemarsch hintereinander her. Immer einer mit Lampe, einer ohne Lampe, so dass man Hindernisse einigermaßen frühzeitig erkennen kann. – Hier draußen gibt es sogar noch Botschaften und Konsulate! Wir können nur annehmen, dass die Damen und Herren Botschafter und Konsuln nur tagsüber oder nur per Dienstwagen verlassen ...

Nach einer guten halben Stunde Marschzeit – wir haben also vom Zentrum Thamel zwei oder drei Kilometer zurückgelegt – erreichen wir ein großes Restaurant mit Innenhof und zwei Stockwerken. Wir müssen im Erdgeschoss die Schuhe ausziehen und werden dann in ein Nebenzimmer im ersten Stock geleitet. Hier ist eine etwa kniehohe Tafel festlich für uns gedeckt, und wie setzten uns mit gekreuzten Beinen im Schneidersitz um die Tafel. Wir bekommen keine Speisekarte. Entweder hat Sujan alle Speisen und Getränke für uns vorbestellt oder das Menü für „nepalesische Abende" ist bei allen Reisegruppen dasselbe.

Das Mahl besteht aus vielen kleinen Gängen und ist zwar nepalesisch-scharf, aber nicht so scharf, dass die feinen Geschmacksnuancen zugedeckt würden. Wir genießen. Nach dem Mahl gibt es noch einmal Dankesreden von Sujan und Claude. Auch Katrin, Theo und ich verlieren ein paar lobende Worte für die vorbildliche Organisation der Reise, insbesondere darüber, wie gut doch der Gepäcktransfer mit den vielen Fahrzeugen funktioniert hat: Lhasa, Yangda Town, Zhangmu, Barhabise – das war schon beeindruckend. Es gibt auch schon Fotos auf „I-Pads", die herumgezeigt werden, kleine Filmclips und so weiter. An der Stirnseite der Tafel befindet sich eine kleine Bühne, auf der traditionell gekleidete Sängerinnen und Sänger typisch nepalesische Lieder vortragen. Sie werden von Musikern auf der Sarangi (eine kleine Fiedel), der Bansuri (eine Bambusflöte), der Dudra (ein Zupfinstrument) und der Dholaki (einer Handtrommel) begleitet. Wir werden aufgefordert, die Refrains mitzusingen, und so wird das Ganze am Ende zu einer richtig ausgelassenen Sache. Spät am Abend machen wir uns auf den Heimweg. Obwohl Sujan jetzt nicht mehr dabei ist, finden wir problemlos den Weg ins Hotel: Direkter, besser beleuchtet, sicherer. Es muss entweder so spät sein, dass der Strom wegen Überlastung des Netzes gar nicht mehr ausfallen KANN, oder Sujan hatte uns auf dem Hinweg die Schattenseiten des Straßenbaus und der Energieversorgung in Kathmandu zeigen wollen ...

RÄDER VERPACKEN, BHIMSEN TOWER UND DURBAR SQUARE

Um 11 Uhr kommt Tenzing mit unseren alten Radkartons ins Hotel. Sie sehen nach über 1.100 km LKW-Fahrt und durch das häufige Umladen ziemlich mitgenommen aus. Sie müssen also zuerst geklebt und repariert werden. Dazu hat Claude in weiser Voraussicht mehrere Rollen dickes Paket-Klebeband von Zürich mitgenommen. Dann schraube ich wieder die SPD-Pedale ab, lockere die Vorbau-Schrauben am Lenkrohr, so dass der Lenker parallel zum Oberrohr gedreht werden kann, ziehe Sattel mitsamt Sattelstütze aus dem Sitzrohr, löse die Laufräder und sichere die beiden Laufrad-Gabeln mit speziellen Kunststoffbrücken gegen Zusammendrücken.

Dann versenke ich den Bike-Rahmen im Karton, sichere ihn wie die anderen mit Karton-und Kunststoffpolstern und schiebe die demontierten Teile gut gepolstert in die Lücken. Auch einige Mitbringsel für die Familie, die ich gestern in Thamel gekauft habe, kommen in den Bike-Karton, bis er voll und stabil und trotzdem leicht ist und sich das verpackte Mountainbike nicht mehr bewegen kann.

Das Mittagessen soll es in der Nähe geben. Wir gehen auf die schön angelegte Dachterrasse des Restaurants. Es kommt nur nichts – entschuldigt wird momentan alles mit dem Dashain-Fest. Es gibt auch kaum Angestellte, weder in der Küche noch im Service, und so kommen unsere Getränke erst mit großer Verzögerung an den Tisch. Sonst kommt nichts, auch an den anderen Tischen nicht. Ich fasse mir ein Herz, steige die Treppe hinab in die dortige Bäckerei und kaufe eine Lage Croissants, die ich dann den Kameraden spendiere. Sie sind so gut, dass wir danach alle nach unten gehen, weiteres Gebäck kaufen und dann mit „Süßem auf der Hand" das unwirtliche Lokal verlassen.

Da jeder am Nachmittag etwas anderes vor hat, erkunde ich Thamel und Kathmandu weiter. Wie schon drei Wochen zuvor gehe ich durch die engen und verwinkelten Gassen mit den unzähligen Outdoor-, Bekleidungs-, Obst- , Gemüse-, Gewürz-, Andenken- und sonstigen Läden, den vielen Stupas und dem hektischen Verkehr, bei dem man immer wieder mal nach rechts oder links springen muss, um einem gar zu eiligen Motorradfahrer oder Taxifahrer auszuweichen.

Anders als vor drei Wochen finde ich auch gleich den Durbar Square von Kathmandu. Ich hebe ihn mir aber für den Rückweg auf und folge den Stimmen und Gerüchen weiter bis in den Stadtteil Sundhara zum höchsten Aussichtspunkt von Kathmandu, dem 62 m hohen, neunstöckigen Bhimsen Tower, auch Dharahara Tower genannt.

Er wurde 1825 (Eintrittskarte – wahrscheinlich) oder 1832 (Wikipedia – unsicher) unter Bhimsen Thapa, dem damaligen Premierminister Nepals gebaut und diente zunächst als militärischer Wachturm. Später wurde seine Aussichtsplattform, die über eine lange Wendeltreppe im Inneren erreichbar ist, für Touristen geöffnet. Nach seiner ersten Zerstörung durch ein Erdbeben im Jahre 1934 wurde er originalgetreu wieder aufgebaut. Beim Erdbeben vom 25. April 2015 sollte er zum zweiten Mal einstürzen und 60 Menschen unter sich begraben.

Ich kann Anfang Oktober 2014 noch nichts von dem Erdbeben ahnen und löse eine Eintrittskarte für 299 Rupien.

Anders als in Tibet ist so eine Turmbesteigung auf 1.300 m Meereshöhe ein Kinderspiel. Zwar sind – bedingt durch das Dashain-Fest – vermutlich wesentlich mehr Menschen auf Besichtigungstour in Kathmandu als normalerweise und damit auch mehr Menschen bei der Turmbesteigung. Trotzdem gelingt es mir, 2 Stufen auf einmal nehmend, den Turm innerhalb einer Minute zu besteigen. Quasi ein Rennen gegen mich selbst im „vertical running".

Von hier oben hat man eine phantastische Aussicht: Thamel und die Bergkette des Shivapuri Lekh, das den Blick zum Himalaya versperrt, im Norden; Shahid Gate und Tribhuvan-Flughafen im Südosten, Durbar Square im Nordwesten und die dritte Königsstadt Patan im Süden. Dazu die Dächer etlicher Tempel und Paläste – endlich einmal findet man in dem Gewirr von Straßen und Gässchen eine gewisse Ordnung, wenn auch nur von oben. Es ist schon dunstig, und der obligatorische Nachmittagsregen kündigt sich an. Also verlasse ich den Turm wieder und bummle, bevor ich mich an den Rückweg mache, noch ein paar Meter weiter südostwärts zum Taxi-Stand mit

den vielen Tuk-Tuks. Den vielen Rikscha-und Tuk-Tuk-Fahren, die mir sofort eine Fahrt offerieren, muss ich abwinken und erklären, dass ich ihre Gefährte nur anschauen will – das sehen sie überraschend schnell ein. Fotografieren gibt es allerdings nur gegen „tip".

Ich schlendere zum Durbar Square, wo ich anders als Katrin am Vortag keinen Eintritt bezahlen muss. Und hier ist heute der Teufel los. Tausende festlich gekleidete Nepalesen – ganze Familien – stellen sich in langen Reihen an, um ihre Heiligtümer zu besichtigen. Die meisten Schlangen sind mehr als hundert und manchmal sogar zweihundert Meter lang, und ich fühle mich an meine Schullektüre von George Mikes „British like queueing" aus „How to be a Brit" vor fast 50 Jahren erinnert. Wobei es dort allenfalls die Inder und niemals die Nepalesen waren, die „britisch" waren und es vielleicht auch zugeben würden. Trotzdem gibt es an vielen Stellen Nepals diese und andere britische „Ähnlichkeiten".

Ich betrachte eine Weile lang das disziplinierte „queuing" und die „Jahrmarktsdarbietungen" dazwischen. Dann versuche ich die

Tempel, die nicht so sehr von Menschen bevölkert sind, auf mich wirken zu lassen und fotografiere aus vielen Perspektiven. Einige wild bemalte Sadhus (31) mit struppigem Haar-und Bartwuchs sind auch da. Gegen ein „tip" darf ich sie fotografieren.

Da ich weiß, dass ich morgen noch einmal hierher kommen werde und der Himmel sich immer weiter zuzieht, wähle ich den Heimweg über unasphaltierte Straßen in Dhalko und Kaldhara. Ich gelange dabei in weitem Bogen von hinten an den Hügel, der mir schon am ersten Tag so versifft vorkam. Doch leider verlaufe ich mich in dem Gewirr an Gassen und ohne die Sonne als Anhaltspunkt einer Himmelsrichtung immer wieder. Der Stadtplan in meinem Nepal-Reiseführer hat zwar englische und nepalesische Namen für Straßen, Stadtviertel und Sehenswürdigkeiten. Die echten Hinweisschilder sind jedoch in Sanskrit. Wie soll man sich das zurechtfinden? So gelange ich erst nach ein paar Orientierungsversuchen in die falsche Richtung über die Lekhnath Marg wieder nach Thamel.

Kurz vor dem Hotel treffe ich Martin. Er will alleine essen gehen, fragt mich dann aber doch, ob ich ihn begleiten will. Anscheinend ist er wegen des ausgefallenen Mittagessens etwas „verschnupft" und ist sich sicher, alleine bessere Erfahrungen zu machen. Da ich mich lieber der ganzen Gruppe anschließen möchte, lehne ich höflich ab und gehe die paar Schritte zum Hotel.

Im Innenhof des Hotels treffe ich auf Theo, der auf seinen Cousin Martin und seine Cousine Bea wartet, die heute in Kathmandu angekommen, aber in einem anderen Hotel untergekommen sind. Wir treffen auch Ralph und Katrin, vermissen aber Claude! Es würde sich herausstellen, dass er mit Herzproblemen den ganzen Tag in der Klinik von Kathmandu zugebracht hat, um sich durchchecken zu lassen. Die Ärzte haben aber nichts Beunruhigendes gefunden, und Claude überlegt, ob ihm diese gute Nachricht jetzt genügt oder ob er den Körper-Check in Genf noch einmal wiederholen soll.

Gleich nach Claude treffen Theos Verwandte ein. Gemeinsam „schwiizerdütsch" plauschend (ich dabei mit Sprachschwierigkeiten und daher sehr gespitzten Ohren), gehen wir in das gute und gepflegte Restaurant „Third Eye". Dort muss man die Schuhe ausziehen und kann dann an niedrigen Tischen wirklich sehr gut speisen. Dann verabschieden wir uns von Bea und Martin, die morgen eine Trekking-Tour (zum Annapurna, glaube ich mich zu erinnern) beginnen wollen, und gehen ins Hotel.

NOCH EINMAL DURBAR SQUARE UND DHARAHARA TOWER

Nach dem Frühstück in der sonnendurchfluteten Loggia des Hotels ziehe ich mich erst mal in die Lobby zurück, um E-Mails zu lesen und zu beantworten (vor allem, um meinen Vereinskameraden daheim organisatorischen Beistand für das in einer Woche zu veranstaltende Radrennen [34] zu geben). Dann bringe ich noch mein Oktavheft, in

das ich mein Tagebuch schreibe, in Ordnung. Danach mache ich mich noch einmal auf zum Durbar Square.

Vor dem Hoteltor erwartet mich ... der Straßenverkäufer für Flöten und sonstige hölzerne Instrumente. „Hallo Mister, wollen Sie kaufen?", fragt er zum x-ten Male und spielt mir wirklich gekonnt auf seiner Flöte vor. Ich kaufe ihm eine seiner CDs ab, die er tatsächlich selber bespielt hat (sein Foto ist auf dem Cover!), und er ist richtig glücklich. Beinahe hätte er mir noch eine Flöte obendrauf geschenkt!

Nach wenigen Minuten auf der Chaksibari Marg treffe ich auf Theo, der offenbar denselben Weg hat. So gehen wir gemeinsam, und wir haben uns unendlich viel zu erzählen! Auf dem Weg fallen uns dieselben Fotomotive auf. Und da wir auch sehr ähnliche Motiv-Vorstellungen haben, fotografieren wir die Obst-, Gemüse- und Gewürzstände, Stupas und Tempel aus denselben Perspektiven. Auf

Kumari-Bahal auf dem Basantapur-Platz

einem Platz wartet ein Rikschafahrer mit einem besonders gut erhaltenen und kunstvoll bemalten Gefährt auf Kundschaft. Wir bannen ihn und seine Rikscha auf unsere SD-Karten.

Endlich sind wir beim Tor zum Durbar Square (35). Die Besucher werden genauer als gestern kontrolliert, und so kommen wir nicht umhin, Eintritt zu bezahlen. Sofort kommt ein lizenzierter Führer auf uns zu und versucht, uns seine Dienste aufzuschwatzen. Nach langem Hin und Her nehmen wir endlich an – für ein für nepalesische Verhältnisse fürstliches Salär.

Bei der Führung sind wir dann tatsächlich nur zu dritt – der erste Vorteil angesichts der immer noch andauernden, teilweise lautstarken Festivitäten auf dem Platz. Der zweite Vorteil ist, dass auch das Englisch des Führers ganz passabel ist.

Wir bekommen also eine ganze Menge mit. Am meisten fasziniert uns die Erzählung von der Kumari (36), einer „lebenden Göttin", die heute und hier zu sehen sein wird. Der Führer ist ganz außer sich vor Vorfreude. Wir wollen indes nicht bis zum Nachmittag warten, zumal er für die „Audienz" „a huge crowd of people" ankündigt.

Südlich geht der Durbar Square in den Basantapur-Square über, auf dem in zahlreichen festen Souvenirläden und an mobilen Souvenirständen (z.B. auf umfunktionierten Rikschas) alles angeboten wird, was der Kathmandu-Besucher noch dringend braucht. Es gibt aber auch Pagoden von weiteren Tempeln, Stupas und einen palastähnlichen Klosterbau zu sehen. Der Klosterbau ist das Domizil der Kumari.

Von hier gehen Theo und ich in die Freak Street (37). Die Freak Street ist schön gepflastert und viel beschaulicher als das hektische Thamel. Hier gehen Nepali ihren ganz normalen Geschäften nach. Die Freak Street war zu Zeiten des „Hippie Trail" in den 60ern und 70ern DER Treffpunkt sich selbst suchender und oft auch findender Hippies in Kathmandu. Noch immer kann man in ein paar Ecken ein wenig von dem Flair aus dieser Zeit erahnen. Bis 1973 gab es hier noch drei wohlgelittene und erlaubte Haschischläden. Mittlerweile ist aber der Handel strikt untersagt.

In der direkten Verlängerung des Platzes befindet sich im ersten Stock des ersten Hauses das Restaurant Cosmopolitan. Man erreicht es durch einen engen, tunnelartigen Zugang. Wir wollen hier zu Mittag essen. Die beiden Tische am Fenster sind sehr begehrte Plätze, denn dort kann man hinüber auf den Basantapurplatz schauen, wo es IMMER was zu sehen gibt. Man darf ruhig fragen, ob der Platz dort noch frei oder reserviert ist. Das Essen ist einfach, aber OK. Die Toiletten sind allerdings ein dunkles und stinkendes Loch.

Nach dem Essen will ich Theo den Bhimsen Tower zeigen – auf dem Weg dorthin geraten wir aber nacheinander gleich in mehrere Prozessionen feiernder Nepalesen, die ihrer Freude mit einer Art „Guggenmusik" lautstark Ausdruck verleihen. Wir können gar nicht anders, wir müssen mitlaufen, und, da wir nicht mitsingen können, wenigstens im Takt mitklatschen. Den Nepalis gefällt das. Nach späterer Internet-Recherche erkennen wir die große Fasstrommel Dhimay, die zweifellige große Pashchima, die Kesseltrommel Nagara, die lautenähnliche Sarangi, die Muhali (ein Mittelding aus Flöte und Fanfare), die Bambusquerflöte Bansuri und Zimbeln als Taktgeber. Polizisten begleiten die Prozessionen und sperren bei Straßenquerungen kurzerhand die Straße ab.

Nun haben wir uns aber komplett verlaufen! Wir müssen nach dem Bhimsen Tower fragen. Die Passanten, die weniger eilig als andere zu irgendeiner Dashain-Fest-Darbietung (z.B. ist in der Nähe auch ein Zirkus aufgebaut, dessen Vorstellung in ein paar Minuten beginnen soll) laufen und uns daher Gehör schenken, erkennen ihn allerdings nur unter dem Namen Dharahara. Es stellt sich heraus, dass er keine 2 Minuten von hier entfernt liegt – die engen Gassen und die hohen Häuser versperren einfach den Blick auf ihn.

Dort angekommen, kauft sich Theo eine Eintrittskarte und steigt hinauf. Ich lasse mich von zwei Nepalesen, deren Absichten mir zunächst suspekt erscheinen, in ein Gespräch verwickeln. Der eine von den beiden ist Lehrer für Mathematik auf einer höheren Schule in Kathmandu. Er verdient bei seiner Arbeit so wenig, dass er während der Ferien als Gastarbeiter in ein Emirat – war's Katar und die Fußball-WM? – am Persischen Golf fliegen muss, um dort seinen Lebensunterhalt aufzubessern. Dass ich als „Kollege" in Deutschland allein von meinem Gehalt bzw. von meiner Pension leben kann, hat er schon gehört. Er beklagt aber weniger seine Situation und seine Arbeit – vielmehr ist er wütend, dass so viel Entwicklungshilfe-Geld „irgendwo" versickert (38). Ich verspreche ihm, mich nach meiner Ankunft zu Hause „zeitnah" per E-Mail zu melden.

Danach machen wir uns auf den Heimweg. Wir kommen wieder – einmal mehr ohne Eintritt – durch den Durbar Square, halten uns nun aber etwas mehr östlich als ich am Vortag. In der Fassade von mehreren Häusern gibt es unscheinbare Durchlässe, die zu einstmals prächtigen Innenhöfen und Tempeln führen. Man kann an der abblätternden Farbe, an den Mosaiken auf dem Boden und an den aufwändigen Schnitzereien erahnen, welch reiche Zeit diese Bauten schon durchlebt haben müssen. Nach mehreren solchen „Innenhofbesichtigungen", aber ohne uns abermals zu verlaufen, gelangen wir wieder in unser Hotel. Wir gehen ein letztes Mal miteinander in Kathmandu Abend essen, und zwar im selben Restaurant, in dem Martin schon alleine am Vortag war und es daher empfehlen konnte.

Das Restaurant ist tatsächlich eine gute Wahl. Der gedeckte Tisch sieht auch sehr festlich aus, vor allem, nachdem mal wieder Stromausfall ist und wir ganz stilvoll nur bei Kerzenlicht speisen.

Flight to Zürich

Am nächsten Morgen heißt es sehr früh aufstehen, denn der Flieger geht schon um 7:45 Uhr. Subtrahiert man eine Stunde fürs Einchecken und weitere zwei Stunden für die Abfertigung sperriger Güter wie Fahrrad-Kartons, kommt man auf 4:45 Uhr, wo wir in Tribhuvan ankommen müssen. Das wiederum bedeutet Wecken um 3:30 Uhr, Frühstück um 3:45 Uhr, Abfahrt vom Hotel um 4:15 Uhr.

Als wir um 4:15 Uhr im Innenhof des Hotels auf unsere beiden Kleinbusse warten, ist nur einer da. Wir verladen erst mal die Hälfte der Bike-Kartons. Als der zweite Bus mit einer halben Stunde Verspätung endlich eintrifft, stellt sich heraus, dass nicht alle Fahrgäste und Kartons in die Busse passen. Und das bedeutet erneut ausladen und einen Teil der Kartons mit Hanfseilen auf den Busdächern fixieren. So wie halt in Kathmandu gebräuchlich ...

Die Fahrt durch das noch schlafende Kathmandu ist „ohne besondere Vorkommnisse", und es bleibt – wir denken voll Sorge an die Kartons auf den Dächern! – trocken. Das Einchecken geht trotz Verspätung von fast einer Stunde so früh am Morgen ungewöhnlich schnell, nur: Claude muss für die fünf Bikes (Katrin hat ihr Bike dem Radhändler Gurung als Spende gebracht) umgerechnet 400 Euro Fracht bezahlen. Das ist zunächst ein Hin und ein Her, und Claude beharrt zunächst darauf, dass der Frachtpreis im Flugpreis inbegriffen ist. Die Angestellten an der Gepäckaufgabe sehen das jedoch anders und bleiben hart, und Claude muss ein weiteres Mal (nach Shigatse) sein Privatkonto belasten. Später, bei einer Nachfrage bei Marlise Haller/BAT, sollte sich herausstellen, dass alles richtig und durchaus so geplant war – Claude würde sein Geld von BAT zurückerstattet bekommen.

Wir sitzen nach dem Einchecken und der Gepäckabfertigung noch gut 1 1/2 Stunden in der Abflugs-Halle herum und langweilen uns. Durch die Fenster, die teilweise milchglasähnlich getrübt sind, sieht man Traktoren statt Pusher. Die Abflugshalle sowie die immer noch stinkenden Toiletten werden schon früh am Morgen oberflächlich geputzt, aber mit dreckigen Lappen an klapprigen Holzschrubbern mit noch dreckigerem Wischwasser, was einen feinen, grauen Dreckfilm erzeugt. Der dunkelgrüne Lack auf den in Reihe fest montierten stählernen Wartestühlen ist abgeplatzt oder brüchig – Flughafen-Idylle in Kathmandu!

Pünktlich um 7:45 Uhr hebt unser Airbus von der Startbahn ab, und wie beim Herflug sehen wir ein verregnetes, trübes und wolkenverhangenes Kathmandu unter uns. Nachdem wir die tief hängende Wolkendecke durchstoßen haben, können wir hinter dem Vorgebirge Shivapuri Lekh in der Ferne das Himalaya-Gebirge sehen. Seine vergletscherten Gipfel, die grünen Reisterrassen hinter dem Shivapuri Lekh, der blaue Himmel und die gelbe Morgensonne ergeben einen wundervollen Kontrast. Ich glaube sogar den Mt. Everest zu erkennen.

FRIEDRICHSHAFEN

Nach der Ankunft im heimatlichen Friedrichshafen sollten sich die vielen roten Blutkörperchen noch positiv auswirken. Eine Frage aber würde bleiben: Was kommt nach dem Weitesten, dem Höchsten, dem Größten???

Nachfragen bei BAT in Zürich hinsichtlich weiterer Himalaya-Reisen haben übrigens ergeben, dass seit dem Erdbeben 2015 sämtliche Grenzen für nicht aus China einreisende Individualtouristen geschlossen sind. Eine weitere „Nordroute" wird es also bis auf weiteres nicht geben (Stand 12/2016).

GLOSSAR

(1) „Soweit das Rad uns trägt" – Drei Jahre mit dem Fahrrad durch Afrika und Asien 2012;
  Sieben Jahre im Sattel – „Durchgedreht" – Weltanschauung auf Rädern (deutsche Version von „Chant des roues") 2002; „Dans la roue du monde" – Fotobuch mit 150 Fotos, begleitet von velosophischen Texten, 2004; „L'Arc lémanique à vélo" – 25 belles balades entre lac et montagnes – Nature, Baignade, Culture, Co-Autorin Delphine Klopfenstein und andere.

(2) Das Wort Cyclonaut setzt sich aus zwei Teilen zusammen. Cyclo entstammt dem lateinischen Substantiv cyclus bzw. griechisch κύκλος (kyklos), was in die deutsche Sprache übersetzt soviel wie „der Ring, der Kreis" bedeutet. Naut lehnt sich an ναύτης nautēs an, was ebenfalls aus dem griechischen stammt und soviel wie „der Seefahrer, der Matrose" bedeutet. Claude benutzt die Bezeichnung, weil er ähnlich, wie der Astronaut im Raum agiert, auf der Straße agieren will und in seiner bedingungslosen Liebe zum Rad von der Vorstellung gefesselt ist, er könnte durch ein einfaches Leben etwas zum Erhalt unseres Kosmos beitragen.

(3) Bodensee-Radmarathon: Laut Homepage erlebt man hier einen unvergesslichen Tag mit Tausenden von begeisterten Radfahrern rund um den Bodensee! Der Bodensee-Radmarathon wird seit 1973 auf ehrenamtlicher Basis vom Radclub RV Altenrhein (CH) organisiert – von Radfahrern für Radfahrer! Er soll sowohl Ambitionierten wie auch Hobbysportlern und Einsteigern ein sportliches Erlebnis mit viel Freude und Herz inmitten der herrlichen Bodensee-Landschaft ermöglichen. die Altenrheiner bieten an 6 Startorten und neuerdings auf 3 verschiedenen Strecken in Deutschland, Österreich und der Schweiz eine Top Betreuung, Beschilderung und Verpflegung.

(4) Kotter-Albuch: Die Firma vertrieb zunächst italienische Rahmen unter dem Namen Kondor und baute von 1983 bis 2001 im schwäbischen Böhmenkirch selbst hochwertige Fahrräder, bevor dann der Konkurrenzdruck aus Fernost zu groß wurde.

(5) Was ist ein TranZBag? Als ich Mitte der neunziger Jahre meinen „Radradius" erweitern und dazu aus ökologischen Gründen die Eisenbahnen der betreffenden Länder nutzen wollte, ergab sich zunächst ständig das Problem,

dass Radmitnahmen entweder sehr lange im voraus angekündigt werden müssen oder generell nicht möglich sind. Ein Radsack umgeht das Problem. Der TranZBag aus schwarzem Nylon dabei in doppelter Weise, denn er ist so leicht und lässt sich derartig klein zusammenpacken, dass er bequem in einen Rucksack passt. So fahre ich z.b. mit dem österreichischen RAILJET zum Biken an den Arlberg, so war ich z.B. bei der „Quäl-Dich-Deutschlandtour" 2015 einer der wenigen, die per ICE nach Flensburg angereist waren – die meisten mussten die langsameren IRE-Züge nutzen, auf denen Radmitnahmen generell erlaubt sind.

(6) „Namaste" (Sanskrit: नमस्ते) ist die wohl bekannteste und am häufigsten gebrauchte Grußform im indischen Kulturkreis. Hierbei werden beide Handflächen in Herznähe aneinander gelegt und der Kopf wird leicht nach vorne gebeugt. Namaste kommt aus dem Sanskrit, „nam" für „sich verneigen" und ist ein Zeichen höchsten Respekts. Der Gruß Namaste hat die ungefähre Bedeutung: „Ich beuge mich vor dem Göttlichen in dir". Oder: „Du und ich, wir sind eins. Meine Seele grüßt die Deine Seele." (aus: Namaste-Yoga.de)

(7) Der Stupa ist ein buddhistisches Bauwerk, das Buddha und den Dharma symbolisiert. Ein den frühen Stupas ähnlicher halbkreisförmig aufgeschütteter Grabhügel diente ursprünglich der Bestattung von Herrschern in Indien und ist seit prähistorisch-megalithischer Zeit bekannt. Seit dem frühen Buddhismus werden in einem Stupa Reliquien des Buddha und später von herausragenden Mönchen aufbewahrt. Er wurde Ausgangspunkt der Buddha- und Arhatverehrung. Der Stupa wird von Buddhisten rituell im Uhrzeigersinn umkreist. (Wikipedia)

(8) Om mani padme hum (Sanskrit: ॐ मनि पद्मे हुं) ist das älteste und bis heute populärste Mantra des tibetischen Buddhismus. Für den tibetischen Buddhismus sind die sechs Silben Ausdruck der grundlegenden Haltung des Mitgefühls. Durch das Rezitieren der sechs Silben sollen die sechs angestrebten Vollkommenheiten verwirklicht und eine künftige Wiedergeburt in den im Lebensrad dargestellten sechs Daseinsbereichen verhindert werden. (Wikipedia). Om mani padme hum wird uns später in Tibet regelrecht verfolgen und wird mittlerweile als Hintergrundmusik zahlreicher Tibet- und Nepalfilme verwendet.

(9) Ein Tilaka (Sanskrit für Zeichen oder Markierung), Tika (hindi, umgangssprachlich) oder Bindi ist ein zwischen den Augenbrauen aufgemalter meist roter Punkt und symbolisiert in tantrischen Richtungen des Hinduis-

mus als „drittes Auge" das Kraft- und Energiezentrum, das nach innen sehen kann. Früher war es meist ein Zeichen der verheirateten Frau, heute wird es als Segenspunkt nach dem Abschluss hinduistischer Zeremonien für alle gebraucht.

Das Tika kann aber auch länglich und dann waagrecht oder senkrecht auf die Stirn aufgemalt sein; es kann auch aus einem Butter-Ruß-Gemisch und schwarz, grau aus einem Sandelpaste-Asche-Gemisch und aus anderen mehr oder weniger anhaftenden Farbmischungen sein.

Tikas können auf die Verehrung bestimmter Götter hinweisen: So tragen die Anhänger Shivas drei waagrechte Striche aus besonderen Asche-Mischungen (schon Marco Polo erwähnte um 1300 die segensreiche und „unserem Weihwasser vergleichbare Kuhmist-Salbe") in verschiedenen Farben und Variationen auf der Stirn, Vishnu-Verehrer hingegen malen sich ein farbiges „U", z. B. aus Sandelholzpaste. Wer den weiblichen Gegenpart der männlichen Götter Brahma, Vishnu und Shiva verehrt, tupft sich einen roten Punkt auf die Stirn.

Der Übergang vom Tilaka oder Tika als Segenszeichen zur speziell weiblichen Variante, dem dekorativen Bindi, ist fließend. Das Bindi wird meistens sorgfältig mit Lippenstift aufgemalt, ist nicht erhaben und besser haftend. Entgegen einer unter Europäern weit verbreiteten Vermutung ist weder Tika noch Bindi ein Kastenzeichen.

(10) Der Khatag ist ein tibetischer Gebetsschal mit langer Tradition, der sowohl im privaten Leben der Tibeter eine wichtige Rolle spielt, als auch in deren Religion. Eine typische tibetische Geste besteht darin, Gästen bei Besuchen oder Abschieden einen Khatag um den Hals zu legen und dem Beschenkten damit gute Wünsche und Schutz mit auf den Weg zu geben. Charakteristisch für einen Khatag sind die ursprünglich weiße Farbe, lange Fransen und das zarte, leicht schimmernde Gewebe, welches durch die Bewegung die Entfaltung der spirituellen Kraft des Schals ermöglicht. Weitere wichtige Merkmale sind die acht aufgedruckten Glück verheißenden Symbole des Buddhismus, die sogenannten „Asta Mangala" und das Mantra „Om mani padme hum". (aus tibet-online-shop.de)

(11) Buddhisten verwenden das Hakenkreuz als Symbol für universelle Harmonie, Wohlstand, Pluralität, Glück, Fülle, Dharma, Fruchtbarkeit, Langlebigkeit und Ewigkeit. Im Inneren buddhistischer Tempel trifft man es häufig an – aufgemalt auf den Körper, die Handflächen, Brust oder Füße des Buddha. Es wird auch verwendet, um den Beginn heiliger Texte zu markieren oder einfach als Dekoration. In Indien gilt es als „das Siegel auf Buddhas Herz."

(12) Der 14. Dalai Lama wurde 1935 geboren und ist heute geistliches Oberhaupt der Gelbmützenschule. Populär wurde er 1989 durch den Friedensnobelpreis und vorher schon durch den Film „7 Jahre in Tibet" (1956 und 1997), in dem seine Freundschaft zu dem österreichischen Bergsteiger Heinrich Harrer beschrieben wird. Harrer unterrichtete den 13-jährigen Dalai Lama in Rechnen, Englisch und Geografie und war zeitlebens mit ihm befreundet. Sein Mönchsname ist Tenzin Gyatso, seine Anrede ist „Seine" oder „Eure Heiligkeit". Bis 2011 war er formell Oberhaupt der tibetischen Regierung.

(13) Wie viele Buddhas gibt es? Während die eine Lesart sagt, es gäbe nur den einen Buddha, nämlich den Begründer des Buddhismus Siddharta Gautama, sagen uns völlig unterschiedlich gestaltete Buddhas bei unseren Besichtigungen tibetischer Klöster und in Filmen wie „Sieben Jahre Tibet" oder „Der kleine Buddha", es müsse mehr als einen geben. Sie sind im Laufe der Zeit, aber auch als Folge von Verschmelzungen mit anderen Religionen entstanden. Da es sich bei den Buddhas um keine Götter handelt, sondern um Menschen, denen es gelungen ist, den Weg der Erkenntnis zu begehen und zu beenden und damit die eigene Erleuchtung zu finden, könnte es sogar wesentlich mehr solcher „Erleuchtungswesen" geben, als in der Literatur bekannt ist. Aus der Vielzahl der Buddhas heben sich jedoch Buddhas hervor, die von Buddhisten besonders verehrt werden.

Hierzu zählen ...

Buddha Bodhisattva, was übersetzt „Erleuchtungswesen" bedeutet. Er zeichnet sich durch besonderes Mitgefühl und aus und ist daher ein Leitbild für alle, die den Weg der Erleuchtung suchen. Avalokitesvara ist ein solcher Buddha – als Inkarnation von Avalokitesvara gilt der Dalai Lama. Dies erklärt auch die oft ähnliche Darstellungsform von Dalai Lama und Buddha.

Buddha Shakyamuni (übersetzt: „Der Weise aus dem [Herrscher]Geschlecht der Shakya") ist der geschichtliche Buddha, der den Buddhismus begründet hat.

Buddha Padmasambhava wird als Begründer des tibetischen Buddhismus vor allem in Tibet verehrt.

Buddha Maitreya wird als Hüter alles Zukünftigen gesehen und soll nach seiner Wiedergeburt alle Menschen, die noch nicht erlöst wurden, ins Nirwana führen.

Buddha Mahakala ist verantwortlich dafür, dass sich Aggression und Gewalt in Nächstenliebe und Verzeihen wandeln.

Der weibliche Buddha Tara-Dolma ist ein fürsorglicher Buddha und schützt vor vielen Gefahren und Leiden wie Giftschlangen, Krankheiten, Dieben, Blitz, Feuer und Überschwemmung.

(14) Momos sind tibetische Teigtaschen, den schwäbischen Maultaschen vergleichbar. Anders als die Maultaschen sehen sie allerdings wirklich wie Taschen aus: Dazu wird zunächst ein kreisrundes Teigstück (vergleichbar mit Strudelteig) hergestellt; dessen Ränder werden dann hochgeklappt und durch Verdrehen verbunden. Gefüllt werden sie mit Fleisch- oder Gemüsemischungen, Gemüse-Käse-Mischungen oder süßen Fruchtmischungen. Zu pikanten Momos werden Soßen oder Dipps gereicht.

(15) Buttertee ist das traditionelle Getränk der Tibeter: Ein Stück Yakbutter wird in heißem, salzigem Tee aufgelöst. Es schmeckt nur manchmal ranzig, ist allerdings das Getränk, das wegen seines Energie- und Salzgehaltes aus dem Leben der Tibeter in großen Höhen nicht wegzudenken ist. Zumal es auch – sehr heiß getrunken – wärmen kann. Die Fetthaut auf dem Tee verhindert gar zu schnelle Auskühlung.

(16) Sera gehört mit Ganden und Drepung zu den drei größten Klöstern den Gelug-Ordens, also der Gelbmützenschule. Ursprünglich war das Kloster ein Zentrum für Studium und Praxis des Tantra, doch schon bald nach seiner Gründung wurde der Schwerpunkt in eine scholastisch-philosophische Richtung verlagert. Während der Kulturrevolution wurde Sera weitgehend zerstört, jedoch 1980 wiederaufgebaut und unter Denkmalschutz gestellt. Heute folgen die etwa 750 Mönche im Kloster der Tradition von Sera Che, der seit dem 15. Jahrhundert existierenden philosophischen Fakultät. Im Jahr 1992 hatte das Kloster offiziell Einnahmen von rund 860.000 Yuan, davon waren die Hälfte Spenden. Das Kloster hat heute eine Fläche von 114.946 Quadratmetern. Der größte Teil der Fläche wird von den Gebäuden der Khangtshen eingenommen. Die drei größten Gebäude sind die großen Hallen der drei Fakultäten und des Tshogchen, der Großen Versammlungshalle des ganzen Klosters. Hinter dem Kloster liegt der einzige Platz für Himmelsbestattungen in Lhasa.

(17) Der Potala-Palast wurde auf dem „Roten Berg", einem Felsen etwa 130 Meter über dem Niveau Lhasas, erbaut. Der erste Palastbau war schon im Jahre 637, wurde aber kaum 100 Jahre später wieder zerstört. Im 17. Jahrhundert ließ der 5. Dalai Lama auf den Überresten des alten Palastes einen neuen aus Steinen, Lehm und Holz bauen, der heute auch „Winterpalast" heißt, da der etwas später (1780) gebaute „Norbulingka"(das bedeutet Schatzpark) im gleichnamigen Lhasa'er Park als Sommerpalast genutzt wurde. Er überstand die chinesische Kulturrevolution weitgehend unbeschädigt, musste er doch als Unterkunft für die chinesische Besatzung herhalten. Heute ist er

Museum und wichtige Pilgerstätte. Der Palast erstreckt sich in Ost-West Richtung auf ca. 350 Metern und in Nord-Süd Richtung auf weiteren 300 Metern. In der Anlage verteilen sich auf 13 Stockwerken 999 Räume. Im Roten Palast befinden sich in den obersten Stockwerken die privaten Räume des Dalai Lama. Es wurden acht Dalai Lamas in jeweils eigenen Grabstätten beigesetzt, beginnend mit dem 5. Dalai Lama, dessen Grab das prachtvollste ist. Hierfür wurden auf einer Höhe von 17,4 Meter über drei Stockwerke ca. 3.700 Kilogramm Gold verarbeitet. (Quelle: Wikipedia)

(18) In der Zwischenzeit wurde in Yangbajing ein weiteres Kraftwerk gebaut. Die beiden geothermischen Kraftwerke verfügen über eine Gesamtkapazität von 24.000 Kilowattstunden. Seit ihrer Fertigstellung haben sie bereits 2,5 Milliarden Kilowattstunden Strom erzeugt. 140 Millionen Kilowattstunden allein im vergangenen Jahr.

Das Kraftwerk in Yangbajing ist das erste geothermische Kraftwerk in China. Es hat bei der wirtschaftlichen Entwicklung Tibets eine zentrale Rolle gespielt. Erdwärme soll auch in anderen Regionen Tibets schon bald als Energielieferant genutzt werden. Experten sagen dem Dach der Welt diesbezüglich eine große Zukunft voraus.

Neuerdings wird in der Energiestadt Yangbajing auch die Produktion von Solarstrom vorangetrieben. Im Jahr 2010 wurde mit dem Bau eines Solarkraftwerks begonnen. Das auf 25 Jahre angelegte Projekt kostet 220 Millionen Yuan und soll täglich 10.000 Kilowattstunden Strom erzeugen. Wenn die Strategie der Regierung in Lhasa aufgeht, dann wird der Ausruf „Ach, so! Das war Yangbajing!" wohl schon bald der Begrüßung „Willkommen in Tibets Energiestadt Yangbajing!" weichen. (Quelle: Radio China International)

(19) Straßenpässe in großer Höhe dürfen niemals so steil wie in den Alpen sein und haben höchstens 5 – 8 % Steigung. Das kommt daher, weil auch schwere LKWs diese Pässe befahren. Die Dieselmotoren dieser LKWs können bei derartig niedrigem Sauerstoffdruck nur etwa die halbe Leistung wie auf Meereshöhe bringen. Deshalb sind LKWs im Himalaya bei der Bergfahrt extrem langsam und rußen auch ziemlich stark – eine Folge der mangelhaften Verbrennung.

(20) Der Penchen Lama, auch Penchen Rinpoche, ist zweithöchster Würdenträger nach dem Dalai Lama im Gelugpa (Gelug Orden oder Gelbmützenorden) des tibetischen Buddhismus. Er hat sich für eine Wiedergeburt entschieden, um anderen Wesen helfen zu können, und ist dadurch „Buddha

des unermesslichen Lichts". Er hat seinen Sitz traditionell in Shigatse. Der jeweilige Penchen Lama ist eine wichtige Autorität bei der Anerkennung des jeweiligen Dalai Lama und umgekehrt. Im 20. Jahrhundert verschob sich die Autorität im Glauben vieler Tibeter in Richtung Penchen Lama, was durchaus zu Konflikten geführt haben kann.

Die Anerkennung des derzeitigen 11. Penchen Lama ist allerdings aus anderen Gründen umstritten: Nachdem der 10. Penchen Lama im Jahre 1989 verstorben war, hatte man – mit Billigung der chinesischen Regierung – bereits viel zu viel Zeit mit der Suche nach einem neuen, geeigneten Nachfolger verstreichen lassen. 1995 wurde dem im Exil befindlichen Dalai Lama dann eine Liste von Kandidaten vorgelegt, aus der er den erst sechsjährigen Gendün Chökyi Nyima auswählte und ohne Rücksprache mit der chinesischen Regierung und den Teilnehmern des Suchteams zum 11. Penchen Lama bestimmte.

Anscheinend war aber die Familie des Kindes mit dieser Wahl nicht einverstanden, und auch die Chinesen hatten Einwände, so dass sie den Sechsjährigen samt seiner Familie an einem unbekannten Ort „in Schutzhaft" nahmen, zum „Schutz vor Separatisten" und zum Schutz seines Privatlebens. Wenige Zeit später (Dezember 1995) wurde dann nach Ziehung aus der „Goldenen Urne" der fünfjährige Gyeltshen Norbu im Kloster Tashilhünpo inthronisiert.

(21) Pawlow'scher Hund: Klassische Konditionierung ist eine von dem russischen Physiologen Iwan P. Pawlow begründete behavioristische Lerntheorie, die besagt, dass einem natürlichen, meist angeborenen, sogenannten unbedingten Reflex durch Lernen ein neuer, bedingter Reflex hinzugefügt werden kann. Das bekannteste Beispiel ist der Pawlow'sche Hund, bei dem die Gabe von Futter immer mit einem Glockenton verbunden wurde. Nach mehreren Wiederholungen war schon allein auf den Glockenton hin ein Speichelfluss des Hundes zu beobachten. Die Annahmen und Techniken des klassischen Konditionierens können auch angewendet werden, um Ängste, Zwangshandlungen oder angstähnliche Symptome zu behandeln. Bekannt sind solche Techniken als Gegenkonditionierung, Aversionstherapie und systematische Desensibilisierung. (aus Wikipedia)

(22) Das Kloster Rongbuk wurde 1902 von dem Lama Ngawang Tenzin Norbu gegründet, um den buddhistischen Pilgern, die bisher hierher gekommen waren, um in Hütten und Höhlen zu meditieren, ein festes Dach über dem Kopf zu geben. Er wurde Abt des Klosters, war in tibetischen Mönchskreisen bald darauf hoch angesehen und wurde auch „Rongbuk Lama" ge-

nannt. Die ersten Bergsteiger, die sich ab 1921 in der Besteigung des Everest versuchten, sah er zwar als „Häretiker" an, gab ihnen aber dennoch Schutz und Nahrung und betete für ihre Bekehrung. Er war es auch, der einem unbekannten tibetischen Kind den Namen Tenzing Norgay gab – derselbe Tenzing, der 1953 dann schließlich zusammen mit Edmund Hillary erstmals den Gipfel des Everest von der tibetischen Seite aus erreichen sollte.

Rongbuk wurde 1974 in der „Kulturrevolution" nahezu vollständig zerstört – die vorher ins „Partnerkloster" Tengboche in Nepal in Sicherheit gebrachten Schätze fielen dort 1989 einem Feuer zum Opfer. Rongbuk ist einer der höchsten ständig bewohnten Plätze der Erde. Das Kloster ist für die in Nepal lebenden tibetisch-stämmigen Sherpas ein wichtiges Pilgerziel, das sie von (Old) Tingri aus über den Pass Nam La in mehrtägiger Wanderung erreichen. Derzeit wird das Kloster sukzessive wieder aufgebaut – es gibt zudem ein aus vier Langhäusern zusammengebautes Gästehaus mit quadratischem Innenhof und ein kleines Restaurant.

(23) Tsampa ist eine typisch tibetische Zwischenmahlzeit – ähnlich einer Brezel oder einem Brötchen bei uns. Tsampa besteht aus geröstetem Gerstenmehl, das in eine flache (Holz-)Schüssel gefüllt und mit Tee oder Buttertee übergossen wird. Der überstehende Teil der Flüssigkeit wird gleich getrunken, der Rest mit dem Mehl zu teigähnlichen, etwa tischtennisballgroßen weichen und plastischen Kugeln geknetet. Durch das vorherige Rösten ist dieser Teig ohne weiteres Backen roh genießbar. Oft wird Gemüse, Ziegenkäse oder Yakbutter zum Tsampa gereicht, so dass es zur vollwertigen Mahlzeit werden kann.

(24) Lalung La oder Tong La? Konsultiert man das englische Wikipedia, so trägt einmal der von uns zu überfahrende Pass den Namen Tong La – ein weiterer etwas nördlicher gelegener Pass etwas abseits des Friendship Highway den Namen Lalung La. Im deutschen Wikipedia ist es genau umgekehrt! Die Bezeichnung scheint es davon abhängig zu sein, welche Karte der jeweilige Tibetforscher benutzt hat. In einer Landkarte, die für eine britische Everest-Erkundungsexpedition im Jahr 1921 erstellt wurde, ist der „Thong La" ein ca. 5.480 m hoher Pass auf der gefährlichen (siehe Seite 11 – Vergleich mit dem camino de la muerte in Bolivien) alten Handelsroute zwischen Nyalam und Old Tingri (Tingri Dzong). Dieser Pass liegt etwa 16 km südöstlich des von uns befahrenen Tong La, das heißt etwa auf der Luftlinie zwischen den beiden Orten. Ob nun der neue Pass auf dem Friendship Highway denselben Namen tragen darf, muss bezweifelt werden – insofern neige ich wie das deutsche Wikipedia zu der Bezeichnung Lalung La. Wobei Lalung La

sich wiederum auf einen Fluss Lalung Chu beziehen müsste, der für eine Namenanlehnung viel zu weit weg liegt ...

(25) Die Regierungen von China und Nepal haben im Umkreis von 30 Kilometern um die Friendship Bridge eine Zone eingerichtet, die hinsichtlich Zollbestimmungen und Visapflicht Erleichterungen für die dort lebende Bevölkerung bietet. So können handwerkliche sowie Agrarprodukte besser nach Tibet und umgekehrt tibetische Yakwolle, Salz, Tee sowie Medizinprodukte besser nach Nepal geschafft werden. Tibetische Lastwagen werden in Zhangmu entladen, die Ware von Trägern über die Brücke nach Kodari geschafft, wo nepalesische Lastwagen in einem mit chinesischer Hilfe neu geschaffenen Speditionszentrum die Ware wieder aufnehmen. Umgekehrt passiert eine analoge Umladung. Das hört sich zwar kompliziert und unsinnig an, ist aber auch dem Wechsel von Rechts-auf Linksverkehr und anderen administrativen Gründen geschuldet.

Täglich überqueren rund 500 Nepalesen die Freundschaftsbrücke, um ihre Produkte zu verkaufen bzw. chinesische Waren für den Eigenbedarf oder den Wiederverkauf in ihrer Heimat zu erwerben. In umgekehrter Richtung queren täglich rund 250 Chinesen die Brücke.

Darüber hinaus queren zahlreiche Touristen die Brücke, darunter Bergsteiger, die den Mount Everest von der tibetischen Seite aus ersteigen wollen. Von Kathmandu ankommende Pauschaltouristen müssen ihren Bus in Kodari verlassen und zu Fuß über die Brücke gehen, um dort mit einem chinesischen Unternehmen weiterzufahren.

(26) Dashain-Fest: Das auch Dasain, Viijaya Dashami oder Dahsera genannte hinduistische Fest ist das längste und am intensivsten gefeierte Fest in ganz Nepal. Die Nepalesen feiern damit den Sieg des Guten über das Böse und die Tatsache, dass harte und traurige Zeiten stets von guten Zeiten abgelöst werden. Sie feiern den Sieg der Göttin Durga über Mahishasur, einen grausamen Dämonen, der den Himmel erobern wollte. Sie feiern aber auch ein Erntedankfest für eine reiche Ernte. Deshalb besteht das Tika aus rot gefärbtem Reis oder weißem, mit Quark vermischtem Reis. Die Kinder bekommen den Segen der Eltern, man trägt festliche Kleidung und hält während der 15 Tage mindestens ein großes Festmahl ab.

Bekannt sind auch die großen Schaukeln, die aus Bambus und Kokosseilen geknüpft werden. Man sagt, dass alle schlechten Gefühle fortgenommen und durch neue, lebensspendende Gefühle ersetzt werden, wenn sich die Schaukel am Ende einer Pendelbewegung vom Boden entfernt und weit nach oben schwingt. Das Steigenlassen von kleinen Papierdrachen ist ebenfalls eine schöne Tradition, die mit zum Dashain Festival gehört. Während des Dashain-Festes haben die nepalesischen Behörden für 7 Tage geschlossen – das sollte man wissen, wenn man für Oktober eine Nepal-Reise plant. (Aus: http://www.nepalwelt.de/pdf%20Dateien/Was%20ist%20Dashain.pdf)

(27) Schlachten auf offener Straße in Nepal: Mit einer Art Machete wird dem unbetäubten, von mehreren Männern festgehaltenen Tier zunächst der Kopf als Opfergabe für Durga (siehe Seite 35) abgeschlagen. Da das oft nicht aufs erste Mal gelingt, sind mehrere Hiebe notwendig, bis das Tier zusammensinkt. Eigenartigerweise lässt man es dann nicht völlig ausbluten und nimmt es auch nicht aus, sondern schleift es so, wie es ist, auf – bzw. wegen der Körpermasse – neben ein kleines Holzfeuer. Dann reibt man es immer wieder mit einer Mischung aus heißer, schwarzer Asche oder Holzkohlenstaub, Wasser und Bambusstroh ab. Nicht nur durch die Wärme des viel zu kleinen Feuers wird sein Leib auf unappetitliche Weise aufgedunsen. Für europäische Begriffe viel zu spät wird schließlich der Körper aufgebrochen. Die prallen Mägen und Därme werden neben das Tier gelegt.

Wer meint, dass der 8. Tag von Dashain bereits sehr blutig ist, den wird der 9. Tag dieser Festlichkeiten, Maha Nawami genannt, regelgerecht schockieren. Am Taleju Tempel auf dem Durbar Square von Kathmandu findet im wahrsten Sinne des Wortes ein Massenschlachten statt. Hunderte von Tieren – die meisten davon schwarze Wasserbüffel – werden dabei der Gottheit Durga geopfert. Da der Tempel nur einmal im Jahr und nur an diesem Tag zugänglich für Besucher ist, strömen Tausende von Hindus an diesen Platz, um Durga die Ehre zu erweisen. Für alle Schaulustigen des Massenschlachtens wird eine große Tribüne errichtet.

An diesem Tag wird ebenfalls die Gottheit Vishwas Karma, die Gottheit für die schöpferische Begabung, geehrt. Alles, was von Menschenhand errichtet wurde – Fabriken, Fahrzeuge, Maschinen, etc. – sollen von der Gottheit Durga gesegnet werden. Mit Opfergaben, in diesem Fall z.B. das Auftragen von Tierblut an Fahrzeuge, soll der Reisende bzw. der Fahrer über das Jahr hinaus geschützt werden. Kritische Stimmen hierzu auf https://de.globalvoices.org/2010/10/26/diskussion-ubertiermisshandlung-beim-dashain-fest-in-nepal/

(28) Bhaktapur, die „Stadt der Gottergebenen", ist mit 81.000 Einwohnern die kleinste der Königsstädte im Kathmandu-Tal neben Kathmandu und Lalitpur. Seine Einwohner sind größtenteils Newar-Hindus, die zum Teil Reisbauern, zum Teil Händler sind. Vom 14. Jahrhundert bis zur zweiten Hälfte des 18. Jahrhunderts war Bhaktapur Hauptstadt des Malla-Reiches.

Aus dieser Zeit stammen viele der 172 Tempelanlagen, der 32 künstlichen Teiche und der mit Holzreliefs verzierten Wohnhäuser. Verantwortlich für den früheren Reichtum der Stadt ist ihre Lage an einer alten Handelsroute nach Tibet. Die Stadt ist auch bekannt für seine Töpferkunst und für zahlreiche Musikfestivals, die hier während des Jahres stattfinden. Daher ist sie auch inoffizielle „Hauptstadt der darstellenden Künste" Nepals.

(29) Im Kathmandu-Tal bilden die Newari den größten Bevölkerungsanteil. 17 von 20 Newari sind dabei Hindus, der Rest Buddhisten. Bei den Hindus, teilweise auch bei den Buddhisten, haben die Newari ein eigenes Kastensystem entwickelt. Es unterscheidet wie in Indien Ober- und Mittelschicht sowie Unreine und Unberührbare – allerdings ist es eher egalitär und nicht so streng. Bezogen auf ganz Nepal, sind die Newari nur zu 5 % vertreten.

(30) Der Name „Durbar Square" kommt nicht, wie man zunächst assoziieren würde, von einem Herrschernamen, sondern von einem persischen Ausdruck (darbàr) für den Königshof oder den Regierungsort eines Königs. Erst später wurde der Ausdruck für die Plätze vor Königspalästen in Indien und Nepal übernommen. In Nepal gibt es Durbar Squares in Kathmandu, Patan und Bhaktapur vor den Palästen der früheren Malla-Herrscher. Alle drei sind heute UNESCO-Weltkulturerbe. Dabei ist der Palast von Bhaktapur mit dem Goldenen Tor (Lu Dhawka) der älteste Palast im Kathmandutal. Er ist im Gegensatz zu den Palästen in Patan und in Kathmandu aus einer Festungsanlage hervorgegangen.

(31) Sadhu ist Sanskrit und bedeutet „heiliger Mann". Es ist eine Bezeichnung für all jene, die das weltliche Leben völlig aufgegeben und sich einem mehr oder weniger strengen asketischen Leben verschrieben haben. Sie bestreiten durch Spenden ihren Lebensunterhalt. Manche Sadhus haben Familien und bescheidene Unterkünfte, andere leben in Gemeinschaften in kleinen Wohnungen neben Tempeln und in Tempeln, wieder andere völlig allein in Höhlen. Oft rauchen sie Haschisch oder Marihuana zum Zwecke der besseren Meditation. Sie glauben nur so auf die letzte Stufe eines idealen Hindu-Lebens zu gelangen, das ihnen die Dharma, die Hindu-Ethik, als wünschenswert vorsieht.
Schon in der Jugend entscheiden sich viele Nepalesen für ein späteres Leben als Sadhu und suchen daher die Lehre eines Guru, der sie in die Meditation und Askese einweisen soll. Oft bedeutet dann Askese Heimatlosigkeit, Fasten, Armut, völlige Bedürfnislosigkeit, manchmal sogar Nacktheit, und sexuelle Enthaltsamkeit.

Die Sadhus, die ich in Bhaktapur und in Kathmandu gesehen habe, waren meist weiß bemalt (wohl um den auffälligen Tikas einen besseren Hintergrund zu liefern), hatten ungeschnittene und zottelige Haare und Bärte, dürftige Kleidung, Holz- und Knochenketten, auffallende Kopfbedeckungen und konnten stundenlang bei der Meditation mit gekreuzten Beinen und erhobenen Händen verharren und ihr Opferschälchen mit Farbe, Reis, kleinen Früchten, Joghurt usw. betrachten.

(32) Das Shahid Gate wurde 1961 zu Ehren von vier Märtyrern erbaut. Wenig später befanden revolutionäre Maoisten, dass der oben thronende König Tribhuwan nur wenig mit Märtyrern zu tun haben könnte – daraufhin wurde seine Statue wieder entfernt.

(33) Ein Tuk-Tuk ist eine Auto- oder Motorrad-Rikscha, also die motorisierte Variante der ursprünglich aus Japan stammenden Fahrrad-Rikscha. Es ist meist dreirädrig, bietet im überdachten Fahrgastraum Platz für drei bis sechs (!) Passagiere und hat oft nur einen Zweitaktmotor. Wegen dessen typischen Geräuschs wird es lautmalerisch „Tuk-Tuk" genannt. Tuks-Tuks sind seit dem Ende des 20. Jahrhunderts in Indien, Nepal, Bangla Desh, den Philippinen und vielen anderen asiatischen Ländern, aber auch in nichtasiatischen Ländern wie Ägypten und Kenia als Taxis weit verbreitet. Seit 2007 gibt es in Deutschland Rikschas mit Elektromotor-Unterstützung für die Touristenbeförderung und Kurierdienste – sie werden auch E-Tuk-Tuk genannt.

(34) Das Radrennen „Rund um d'Kirch" in Meckenbeuren ist eine Traditionsveranstaltung zum Saisonende (immer 2. Oktober-Wochenende), die auf einer nur 840 m langen Strecke 2016 zum 18. Mal veranstaltet wurde. Seine Attraktivität kommt daher, dass ortsansässige Händler und Handwerker eine Verkaufs-Schau („Herbstmarkt") anbieten und der Radsportverein „Seerose Friedrichshafen e.V." parallel dazu das Radrennen. Das führt zu Tausenden von Zuschauern an der Strecke und zu einer dementsprechenden Motivation der Rennfahrer. Um das Hauptrennen der Elitefahrer (A, B, C und KT) gruppieren sich Jedermann-, Jugend- und Seniorenrennen, meist als Kriterium gewertet.

(35) Der Durbar Square in Kathmandu (siehe 30) ist der autofreie Platz vor dem alten Königspalast in Kathmandu, dem Hanuman Dhoka (1560 – 1574). Dieser Palast mit seinen Höfen und vielen Nebengebäuden war bis zum 19. Jahrhundert Sitz der nepalesischen Könige und danach immer noch der Ort der Krönungsfeierlichkeiten. Am Eingangsportal erhebt sich seit 1672

eine stets mit Zinnober beschmierte und mit einem roten Tuch umhängte Statue des Affengenerals Hanuman, der einer der Schutzgötter der Mallakönige war. Er wird von der Bevölkerung zusätzlich mit Blumengirlanden geschmückt. Der Palast hat kunstvoll geschnitzte Fenster und im Innenhof ein Museum, das die Fotos und Leistungen aller wichtigen nepalesischen Könige zeigt. Im Innenhof befindet sich auch der höchste Tempel des Kathmandu-Tales, der Taleju-Tempel, der Taleju, einer weiteren Erscheinungsform der Göttin Durga, geweiht ist. Durga war eine weitere Schutzgöttin der Malla-Könige.

Der 1770 errichtete Nautalle, ein ursprünglich neunstöckiger Palastturm, hat reich geschnitzte Fenster, hinter denen einst die Königinnen und Prinzessinnen aus vornehmer Distanz das Treiben auf dem Platz beobachten konnten.

Unter den weiteren 50 Tempeln und Stupas auf dem Platz muss auch der Jagannath-Tempel genannt werden, der für seine erotischen Holzschnitzereien in den Dachstreben berühmt ist. Nepalis erklären die Kopulationsdarstellungen damit, dass sie angefertigt wurden, um die schamhafte Blitz-Göttin von dem Gebäude fernzuhalten und seine Zerstörung durch Blitzeinschlag zu verhindern.

Nicht weit weg davon steht das fünf Meter hohe Standbild der buntbemalten Kala Bhairava, das den zerstörerischen Shiva mit sechs Armen, einem dritten Auge und auf einem Dämonen stehend zeigt. Hier mussten einst Hofbeamte ihr Treuegelöbnis ablegen und Zeugen vor Gericht ihre Aussagen beeiden. Auf der rechten Seite: Die ungewöhnliche Chyasin Dega-Pagode, die dem Hirtengott Krishna geweiht ist.

Weiter erwähnenswert: Der dreidächrige Shiva-Tempel Maju Deval, der Shiva-Parvati-Tempel mit dem bunt bemalten Paar Shiva und Parvati in einem Fesnter, den Sadhus gerne als Kulisse für Fotos nutzen.

Viele dieser Gebäude wurden beim Erdbeben vom 25. April 2015 ganz oder teilweise zerstört – auch hier waren wir unter den letzten Besuchern, die diese Sehenswürdigkeiten noch unbeschädigt bewundern durften!

(36) Eine Besonderheit der Newar-Hindus ist die Kindgöttin Kumari, eine Inkarnation der hinduistischen Göttin Durga in einem buddhistischen Haus. Einmal ausgewählt, gilt sie als „lebende Göttin", wird verehrt und angebetet. In Kathmandu lebt sie im ersten Stock des „Kumari Bahal", einem mit reichen Holzschnitzereien versehen buddhistischen Klosterbau auf dem Basantapur-Platz. Auf Bitten zeigt sie sich gelegentlich im Fenster des Innenhofs. Durch eine staatliche „Apanage" hilft sie auch ihrer Familie, und das sogar lebenslang. Sie wird zwar nach ihrer ersten Menstruation abgewählt, die „Apanage"

aber bleibt, und so kann sie auf Staatskosten vereinsamen, denn es bringt Unglück, eine Göttin zu heiraten. In Nepal gibt es mehrere Kumaris, so auch eine Bhaktapur.

Kumaris werden aus bestimmten, meist buddhistischen Kasten ausgewählt und müssen sich in einer Prüfung besonders unerschrocken zeigen. So sperrt man sie (die Kinder!) in einen dunklen Raum und zeigt ihnen Masken oder Puppen von schrecklichen Dämonen. Wenn sie nicht weinen, haben sie bestanden.

Einmal im Jahr wird die Kumari beim Dashain-Fest auf einer Sänfte durch die Stadt getragen. Früher, vor der Abschaffung der Monarchie im Jahre 2007 (demokratische Wahlen gibt es erst seit 2013), hatte sie noch die Aufgabe, alljährlich beim Indra Jatra Fest den König in seinem Amt zu bestätigen. Literatur: Allen, Michael R. (1995) The Cult of Kumari: Virgin Worship in Nepal. Kathmandu: Mandala Book Point. Boulanger, Marie-Sophie (2004). Die Göttin, die nie lächeln darf – Der geheimnisvolle Kult der Kumari in Nepal. München: Goldmann. [ISBN 3-442-15269-0] Im Internet unter ... http://www.sgipt.org/gipt/entw/bindung/Kumari/goetinaz.htm#Das%20 Leben%20als%20Kindg%C3%B6ttin

(37) Mit dem Titel „Across Asia on the Cheap" veröffentlichten die Hippie-Trail-Reisenden Tony Wheeler und Maureen Wheeler 1973 den ersten Reiseführer von Lonely Planet, in dem auch die Freak Street ihren Platz findet. Es gibt sogar einen Song mit dem Titel „Down under" über den Hippie Trail. Er wurde von der australischen Band „Men at Work" publiziert und beginnt so:
Traveling in a fried-out combie
On a hippie trail, head full of zombie
I met a strange lady, she made me nervous
She took me in and gave me breakfast
And she said,
Do you come from a land down under?
Where women glow and men plunder?
Can't you hear, can't you hear the thunder?
You better run, you better take cover.

(38) Im Herbst 2015 ist dann zu lesen, dass die meisten der vielen anlässlich des Erdbebens gespendeten Millionen noch gar keine Verwendung für den Wiederaufbau Nepals bzw. des am meisten betroffenen Kathmandu-Tals gefunden haben. Auf die Frage, warum die Regierung so zögerlich ist, wird von offizieller Seite geantwortet, es müsse vorrangig erst eine föderale

Verfassung ausgearbeitet werden, die dann die gerechte Verteilung der Gelder ermöglichen kann (Süddeutsche Zeitung vom 10.5.2015, Spiegel Online vom 3.9.2015)

(39) Der Gehrenberg ist mit 754 m Höhe einer der höchsten Berge des Linzgaus. Er ist unter Radsportlern bekannt für seine steilen Anstiege und seine vielfältigen Bike-Trails. Die steilste Straße führt von Markdorf (453 m) am Tennisplatz vorbei über Allerheiligen zum Gehrenbergturm, der allerdings nicht auf der Bergspitze steht. Der Linzgau ist eine Landschaft im Süden von Baden-Württemberg an der Nordseite des Bodensees.

*

Der Hinduismus ist die drittgrößte Glaubensgemeinschaft auf der Erde. Rund 80 Prozent der Nepalesen bekennen sich zum Hinduismus, etwa 10 Prozent zum Buddhismus und 4 Prozent zum Islam – der Rest setzt sich aus Jains, Christen, Animisten u.a. zusammen. Eine genaue Angabe des Zahlenverhältnisses von Buddhisten und Hindus ist schwierig, da viele Nepalesen sich als beides verstehen. Hindus sind Anhänger des Schöpfergottes Vishnu und seiner zahlreichen Inkarnationen.

Im Hinduismus gibt es viele Götter und viele Ausrichtungen – die Ansicht, es seien Millionen von Göttern, ist jedoch falsch. Gemeinsam ist allen Ausrichtungen der Glaube an die Wiedergeburt: So lebt ein gläubiger Hindu nicht nur einmal, sondern muss mehrere Leben durchlaufen, bis er erlöst wird in einem befreienden Nichts, bis er eine Welt ohne Leid erreicht. Voraussetzung für die Befreiung aus diesen immerwährenden Wiedergeburten ist ein gutes Karma. Karma bedeutet Handlung oder Tat. Wer stets gute Taten vollbringt, erwirbt sich ein gutes Karma und wird aus der Spirale der Wiedergeburten entlassen.

Gurus sind spirituelle Lehrer, die ihre Schüler durch Unterricht und körperliche Übungen (zum Beispiel Yoga) in ihrer Religion unterweisen.

Quellen:

Nepal Guide; Nelles Verlag ISBN 978-3-88618-812-3;

Tibet; Trescher Verlag ISBN 978-3-89794-209-7;

GEO Spezial: Himalaya ISBN 978-3-570-19923-7;

„Soweit das Rad uns trägt" – Drei Jahre mit dem Fahrrad durch Afrika und Asien 2012;

Sieben Jahre im Sattel – „Durchgedreht" – Weltanschauung auf Rädern (deutsche Version von „Chant des roues") 2002;

„Dans la roue du monde" – Fotobuch mit 150 Fotos, begleitet von velosophischen Texten, 2004;

„L'Arc lémanique à vélo" – 25 belles balades entre lac et montagnes – Nature, Baignade, Culture, Co-Autorin Delphine Klopfenstein und andere ;

Vom Everest zur Atacama; Delius Klasing Verlag ISBN 978-3-7688-1819-3

Fotos:

Katrin Bader, Lutz Geisler, Martin Gruber, Claude Marthaler und Ralph Cyrill Müller